La philosophie est une réflexion pour qui toute matière étrangère est bonne, et nous dirions volontiers pour qui toute bonne matière doit être étrangère.

Georges Canguilhem

philosophie
des arts martiaux modernes

dans la même collection

Pierre Cassou-Noguès, *Une Histoire de machines, de vampires et de fous*, 2007.

Guillaume le Blanc, *Les Maladies de l'homme normal*, 2007.

Jean-Michel Salanskis, *Territoires du sens*, 2007.

Alexandru Dragomir, *Banalités métaphysiques*, 2008.

Mauro Carbone, *Proust et les idées sensibles*, 2008.

Olivier Schefer, *Variations nocturnes*, 2008.

Alexandru Dragomir, *Cahiers du temps*, 2010.

Christophe Genin, *Kitsch dans l'âme*, 2010.

Roberto Diodato, *Esthétique du virtuel*, 2011.

Mauro Carbone, *La Chair des images : Merleau-Ponty entre peinture et cinéma*, 2011.

Michel Malherbe, *D'un pas de philosophe en montagne*, 2012.

Pietro Montani, *Bioesthétique. Sens commun, technique et art à l'âge de la globalisation*, 2013.

Jean-Philippe Pierron, *Mythopées. Un portrait de la modernité tardive*, 2014.

Marc Berdet, *Chiffonnier de Paris. Walter Benjamin et les fantasmagories*, 2015.

Michael J. Sandel, *Contre la perfection. L'éthique à l'âge du génie génétique*, 2016.

Andrea Pinotti, *L'empathie. Histoire d'une idée de Platon au posthumain*, 2016.

Fritz Heider, *Chose et medium*, 2017.

Emin BOZTEPE

avec Emmanuel Renault

philosophie des arts martiaux modernes

VRIN
Matière Étrangère

Directeurs de collection :
Bruce Bégout et Étienne Bimbenet

© Librairie Philosophique J. VRIN, 2017

Imprimé en France

ISSN 1961-8336

ISBN 978-2-7116-2802-5

www.vrin.fr

préface

Le but de ce livre est de discuter un certain nombre de problèmes philosophiques posés par les arts martiaux orientaux. Il part de la pratique, de la pédagogie et des connaissances d'un art martial particulier (le Wing Chun), mais il procède également à des comparaisons avec d'autres arts martiaux et avec d'autres manières de pratiquer, d'apprendre et d'enseigner. C'est en ce sens qu'il est question dans le titre d'arts martiaux en général, même si, en toute rigueur, il ne peut y avoir de philosophie des arts martiaux en général, pour des raisons qui sont expliquées dans le premier chapitre. Disons d'emblée, pour continuer à préciser le sens qui doit être donné à ce titre que le lecteur ne doit pas se méprendre sur le sens qui est donné au terme philosophie. On ne trouvera pas ici de généralités à propos de la vie, de la vérité, de la sagesse et de l'harmonie avec l'univers que des pratiques martiales orientales seraient susceptibles de procurer, mais une réflexion sur les problèmes spécifiques auxquels on se trouve confronté dès qu'on souhaite rendre compte de ce qui distingue les arts martiaux d'autres pratiques orientées vers le combat et d'autres techniques du corps, dès qu'on cherche à décrire ce qui est en jeu dans la pratique et l'enseignement d'un art martial et à expliciter les raisons justifiant qu'on y consacre du temps. En d'autres termes, il s'agira de tout autre chose que ce qu'on

trouve généralement dans les livres dont le titre mentionne la
« philosophie des arts martiaux ».

Le Wing Chun, dont il sera tout particulièrement question
dans ce qui suit, est un art martial chinois qui passe pour avoir été
créé par une femme (une exception dans l'univers très masculin
des arts martiaux orientaux) à la fin du XVIIe siècle, la nonne
bouddhiste Ng Mui – un art martial qui fut d'ailleurs nommé
d'après le prénom de la première disciple de Ng Mui, Yim Wing-
chun. Il fait l'objet d'un intérêt toujours grandissant depuis la
fin du siècle dernier. Il doit une bonne part de sa notoriété à
Bruce Lee qui l'avait étudié à Hong Kong auprès de Yip Man. Ce
dernier est généralement considéré comme l'un des principaux
fondateurs du Wing Chun moderne, et il est devenu au cours
des années 2000-2010 le héros de plusieurs films... De même
que les vies de Ng Mui et de Yim Wing-chun, tout comme celles
de Yip Man et de Bruce Lee, ont été portées à l'écran, de même,
certaines des techniques propres au Wing Chun ont elles aussi
été élevées au rang de thème cinématographique récurrent (le *one
inch punch*, les « mains collantes » et l'usage du mannequin de
bois tout particulièrement). Dans tous ces films, le Wing Chun
apparaît comme une pratique intrigante développant des talents
mystérieux. Le lecteur doit également être prévenu que dans ce
livre, le Wing Chun apparaîtra sous un tout autre jour. On n'y
joue pas sur la fascination et le mystère, on cherche seulement à
proposer des outils pour analyser et comprendre.

Les questions considérées sont les suivantes : pourquoi les
pratiquants d'arts martiaux finissent-ils souvent par s'intéresser
à la philosophie et en quel sens s'y intéressent-ils ? Que font-
ils lorsqu'ils apprennent ou enseignent leur art et que faut-il
entendre par « corps », « action », « travail », « art », et
« apprendre » dans ce contexte ? Quelle est la meilleure manière
de décrire ce qu'ils font ? Ces questions sont interdépendantes
et elles naissent de la pratique en un sens spécifique : un art

martial est un processus d'apprentissage dont l'un des défis est de parvenir à mieux comprendre la nature et le sens de ce que l'on fait et de ce que l'on cherche à faire. Relever ce défi revient à s'engager dans une réflexion type philosophique.

C'est à partir de la pratique et de l'expérience d'Emin Boztepe que cette réflexion philosophique est développée. Il est l'un des figures les plus connues et les plus importantes, à l'échelle internationale, pour tout ce qui touche au Wing Chun. Sa renommée s'explique par les nombreux combats dont il est sorti victorieux, mais aussi par la qualité de l'enseignement qu'il dispense dans le monde entier depuis plusieurs décennies. Après avoir été longtemps considéré comme l'un des pratiquants de Wing Chun les plus efficaces, il est aujourd'hui reconnu comme l'un des meilleurs enseignants de ce style. C'est en 1976, à l'âge de 14 ans, qu'il a commencé à étudier des arts martiaux et des sports de combats comme le judo, le karaté shotokan, la boxe thaïlandaise et la lutte. Il est passé au Wing Chun quatre ans plus tard, après avoir assisté à une démonstration de Keith R. Kernspecht, le représentant allemand de la branche de Wing Chun fondée par Leung Ting (un élève de Yip Man). Il pratique le Wing Chung depuis lors, ainsi que l'art martial philippin, l'Escrima (Latosa) qui y est associé depuis 1982 dans la branche de Leung Ting. En 1986, un combat contre William Cheung, autre élève de Yip Man, autre fondateur d'organisation internationale, l'a rendu célèbre dans le monde des arts martiaux. C'est également ce qui lui a valu, par la suite, d'avoir été utilisé comme un moyen d'affirmer la supériorité martiale de la branche fondée par Leung Ting, et d'avoir eu à répondre à de nombreux défis lancés par tous ceux qui voulaient prouver à ses dépens la supériorité de leur art, de leur sport ou de leur organisation (jusqu'à un défi lancé par le champion de MMA[1], Royce

---

1. Mix Martial Art ou Free Fight.

Gracie, qui finalement n'a pas abouti), ou, plus simplement, qui voulaient se faire un nom. En 2001, Emin Boztepe a fondé sa propre organisation, EBMAS (pour Emin Boztepe Martial Art System) [1]. Il s'efforce d'y promouvoir une conception du Wing Chun fondée sur les principes traditionnels, sur l'efficacité en situation d'auto-défense et la compréhension rationnelle.

Ce livre est le résultat d'une série d'entretiens, en langue anglaise, effectués entre 2011 et 2014 avec Emin Boztepe qui parle donc en première personne dans les chapitres qui suivent. L'auteur de cette préface (lui-même membre d'EBMAS depuis 2005, après avoir pratiqué d'autres arts martiaux, et par ailleurs professeur de philosophie mais convaincu que la philosophie n'est pas seulement faite par des philosophes professionnels) a posé des questions discutées préalablement, enregistré et transcrit. L'un et l'autre ont ensuite travaillé sur la base de la transcription des entretiens et ils ont ajouté des éléments théoriques développés par Emin Boztepe lors de ses séminaires. L'auteur de cette préface a ensuite traduit le résultat en français.

Les arts martiaux orientaux prétendent traditionnellement rendre la vie meilleure et réveiller des individus emprisonnés dans les routines d'une vie quotidienne dénuée de sens et d'intérêt. Même lorsque leurs prétentions sont moindres, il est rare qu'ils tiennent leurs promesses. L'enseignement de ces arts martiaux, en effet, est traditionnellement associé à l'idée que les pratiquants ne peuvent comprendre le sens et les justifications de ce qu'ils font avant de nombreuses années de persévérance, à quoi s'ajoute parfois l'idée absurde que ce sens et ces justifications ne méritent d'être divulgués qu'en récompense d'une longue

---

1. On trouvera plus d'informations en suivant ce lien : http://www.ebmas.net. L'organisation est structurée autour de trois quartiers généraux internationaux dont voici les contacts : hqeurope@ebmas.net (Europe), hqusa@ebmas.net (États-Unis), turkeyhq@ebmas.net (Turquie).

obéissance inintelligente. Au lieu d'ouvrir l'esprit comme ils le prétendent, ces arts martiaux paralysent trop souvent la réflexion personnelle et rendent vulnérable à la charlatanerie. Ils donnent parfois lieu à des dynamiques psychosociales de type sectaire. Ce livre est porté par la conviction que la manière traditionnelle de concevoir l'apprentissage comme une répétition fondée seulement sur l'imitation et l'obéissance n'a plus de raison d'être et que les pratiquants ont le droit d'user de leur réflexion personnelle pour contrôler ce qu'on leur enseigne, pour rendre leur apprentissage intelligent. Ils ont le droit de demander que les techniques qu'on leur apprend soient justifiables d'un point de vue géométrique, anatomique, biomécanique de même que sur le plan de l'efficacité martiale. Ils ont le droit de vérifier que la manière dont ces techniques sont décrites et expliquées n'est pas valable seulement parce que ces descriptions et ces explications sont partagées dans la petite communauté de ceux qui sont unis par la fascination craintive d'un même « maître », mais parce qu'elles permettent au pratiquant de comprendre ce qu'il fait et comment il pourrait accélérer son apprentissage. C'est pourquoi une réflexion critique sur la manière dont la nature et les enjeux des arts martiaux sont décrits et expliqués est particulièrement utile pour les pratiquants ; une telle réflexion critique relève d'une philosophie des arts martiaux. En ce qu'elle rompt avec la conception traditionnelle de l'apprentissage, cette réflexion critique est propre à ce que devraient être les arts martiaux modernes. En ce qu'elle rompt également avec la conception traditionnelle de ce en quoi consiste la philosophie des arts martiaux, elle relève d'une philosophie des arts martiaux modernes.

L'un des objectifs de ce livre est de traduire en langage moderne, c'est-à-dire conformément aux exigences de la culture et de la science de notre temps, ce qui, dans les arts martiaux est le plus souvent exprimé par l'intermédiaire d'images, de maximes et de devises, voire de théorisations ésotériques. Poursuivre cet objectif pourra être utile aux pratiquants autant qu'à ceux dont l'intérêt pour les arts martiaux relève plutôt de la recherche intellectuelle mais qui trop souvent tombent dans les pièges du discours traditionnel des arts martiaux. Parmi les chercheurs qui s'y sont intéressés, un bon nombre en avait une expérience directe limitée. Quant aux autres, ils ont souvent perdu leur sens critique parce que leur expérience directe s'est accompagnée d'une fascination pour les images, maximes et autres devises ou conceptions ésotériques dans lesquelles ils ont été invités à réfléchir cette nouvelle expérience. Les uns et les autres ont pu être conduits au même résultat. Qu'ils soient psychologues, sociologues, anthropologues, spécialistes des sciences de l'éducation ou philosophes, de nombreux chercheurs fondent aujourd'hui encore leurs analyses et leurs théorisations sur des descriptions et des explications irrationnelles qu'ils considèrent comme constitutives de leur objet d'étude. Ou bien au contraire, refusant que leurs propres discours soient contaminés par l'irrationalité de ces descriptions et de ces analyses, ils en viennent parfois à rejeter toutes les théorisations internes aux arts martiaux et adoptent un point de vue résolument extérieur, censé garantir l'objectivité : celui de théories psychologiques, sociologiques ou philosophiques déjà suffisamment établies pour qu'il suffise de les appliquer. Comme si, pour comprendre la richesse, la complexité et la difficulté des pratiques et des processus qui structurent le monde vécu associé à un art martial, les théorisations élaborées à partir de la pratique ne pouvaient jamais rien apporter et qu'il fallait toujours leur préférer un point de vue résolument externe qui se limite, qui plus est, à un cadre disciplinaire spécifique (psychologie ou sociologie du sport, science de l'éducation, anthropologie des techniques, philosophie du corps, etc.) et un paradigme théorique particulier (ethnométhodologie, sociologie des habitus, philosophie du corps propre, etc.). En développant une théorisation issue de la pratique, tout en examinant les limites de la forme que la tradition a donnée aux descriptions, aux explications, et aux théorisations internes aux arts martiaux, ce livre cherche à échapper à ces deux impasses.

chapitre 1
les discours sur les arts martiaux et le rôle de la philosophie

Les arts martiaux fascinent. Ils fascinent ceux qui s'y adonnent et qui peuvent en venir à en faire leur passion, mais aussi ceux qui se contentent d'en observer occasionnellement la pratique. Il est rare qu'un entraînement dans un parc, par exemple, ne suscite un regroupement de passants. On peut lire alors la curiosité et l'admiration dans les yeux, et pas seulement chez les plus jeunes. Tout le monde sait que la fascination est assez grande pour fournir de larges audiences aux films de Kung Fu, de même qu'aux festivals qui s'efforcent de faire ressortir la variété et le caractère spectaculaire des arts martiaux orientaux. Cette fascination tient pour une part aux prouesses physiques et techniques des pratiquants, et pour une part à l'« esprit » des arts martiaux. On considère communément, en effet, que les arts martiaux se distinguent des sports de combat par le type de philosophie qu'ils véhiculent. Cette opinion est partagée par de nombreux pratiquants et elle attire l'attention sur un fait qui à mon avis n'est pas anodin. Les champions du monde de boxe écrivent plus rarement des livres que les maîtres de Tai Chi ou de Kung Fu, et lorsqu'ils en écrivent, il s'agit plus souvent d'ouvrages retraçant leur vie ou leur carrière que de traités consacrés à l'esprit de leur sport. Au contraire, les pratiquants d'arts martiaux, une fois atteint le stade de ce qu'ils estiment correspondre à la plus haute maîtrise, semblent considérer que le fait d'écrire un livre consacré à l'esprit de leur art fait partie de l'accomplissement de cet art. Comme s'il n'était pas possible d'être un véritable maître sans être capable d'expliquer, sous forme livresque, le type de philosophie qui est véhiculée par la pratique à laquelle ils ont consacré une grande partie de leur vie. Le livre n'a sans doute pas seulement alors pour fonction de passer d'une transmission orale périssable à la permanence garantie par l'écriture. Ce qui est visé est un approfondissement et une systématisation valant accomplissement.

pourquoi les pratiquants d'arts martiaux s'intéressent-ils à la philosophie des arts martiaux ?

Il ne fait pas de doute que l'écriture d'un livre peut être motivée par le prestige social associé aux livres, aux livres de philosophie en particulier. Il n'est pas rare que des « grands maîtres » autoproclamés cherchent à publier des livres pour paraître meilleurs qu'ils ne sont, pour améliorer leur image à l'extérieur mais aussi à l'intérieur de l'organisation ou de l'école où ils enseignent. J'y reviendrai plus loin. Il n'en reste pas moins qu'il y a un rapport interne entre la pratique d'un art martial et la réflexion sur cette pratique. Ce rapport doit être pris au sérieux. Il y a en effet quelque chose dans la pratique des arts martiaux qui pousse vers l'élaboration d'une réflexion globale sur la nature et le sens de la pratique aussi bien que du processus d'apprentissage. En ce sens, on peut dire que l'expérience même des arts martiaux produit une sorte de désir de théorie ou de réflexion philosophique. Ce rapport singulier entre expérience et théorie n'est généralement pas analysé dans ce qu'on appelle communément la philosophie des arts martiaux. Il offre pourtant la meilleure des portes d'entrée dans les débats concernant le sens que l'on peut donner à l'idée de philosophie des arts martiaux. Et certes, il existe d'autres portes d'entrée.

Il y a déjà un lien historique entre arts martiaux et théorie ou philosophie. Selon la légende, Bodhidharma, qui introduisit le Bouddhisme en Chine, fut également l'inventeur des arts martiaux. Et tout cela se serait passé dans le monastère de Shaolin… Les recherches des historiens ont prouvé que les arts martiaux trouvent en fait leurs origines dans un art de la guerre et dans des pratiques médicales qui sont antérieures au développement du Bouddhisme chinois. Mais il reste vrai que de nombreux arts martiaux furent créés par des hommes et des femmes de science, qu'ils soient médecins, moines ou nonnes. Les arts martiaux ne sont pas seulement des techniques de combat basées sur la force, mais aussi sur l'intelligence. Ils ne se réduisent pas à un ensemble de techniques sélectionnées pour leur efficacité mais ils consistent également en un processus d'apprentissage fondé sur des principes généraux parfois formulés par des médecins ou des religieux. Le Wing Chun est un bon exemple. Selon la légende, il a été créé au XVII e siècle par la none Ng Mui, et parmi ceux qui l'ont transmis de génération en génération, on trouve plusieurs personnes de haute éducation. Il s'agit d'un style fondé sur des principes d'efficacité autres que la seule force, susceptible de donner à une femme les moyens de vaincre un adversaire masculin même lorsqu'il est doté d'une bien plus grande puissance musculaire. Ses principes, totalement contre-intuitifs (ne pas écarter un coup mais le dévier, ne pas reculer mais avancer sur un coup, etc.), ne peuvent pas être issus d'une généralisation à partir de l'expérience, mais seulement d'une décision de reconstruire l'art du combat à partir de principes généraux. C'est d'ailleurs le sens de la légende voulant que Ng Mui se soit inspirée d'un combat entre un renard (ou un serpent, selon d'autres versions) [1] et une grue blanche dont la seconde sortit victorieuse, pour créer un style fondé sur l'économie de mouvement, la fluidité et le relâchement plutôt que sur la force physique. Cette légende exprime l'idée qu'une sorte de décision théorique est à l'origine du Wing Chun.

Mais comme je viens de le suggérer, le lien entre arts martiaux et philosophie ne concerne pas seulement le contexte culturel d'émergence des arts martiaux et les décisions théoriques qui peuvent présider au développement d'un style. Certaines des dynamiques pratiques propres au processus d'apprentissage des arts martiaux poussent les pratiquants vers différentes formes de réflexion philosophique sur leur art. En effet, les arts martiaux relèvent de ce genre de pratiques, auxquelles appartiennent par exemple les pratiques initiatiques ou la cure psychanalytique, dont on ne comprend que progressivement le sens. De même qu'on peut parler d'analyse interminable dans le domaine de la psychothérapie, de même, le processus d'apprentissage des arts martiaux est potentiellement interminable. On rapporte qu'à la fin de sa vie, Yip Man disait « je vais apprendre le Wing Chun » lorsqu'il s'apprêtait à faire cours. Le grand maître par excellence de cet art martial pensait manifestement qu'il n'aurait jamais fini d'apprendre ce qu'il connaissait déjà parfaitement et qu'il enseignait depuis des décennies. Il pensait sans doute qu'il parviendrait progressivement à mieux comprendre ce qui était contenu dans les savoir-faire qu'il avait incorporés, et peut-être pensait-il également que pour lui aussi, la conscience resterait toujours en retard sur la pratique. Au cours du processus d'apprentissage d'un art martial, l'accès à un niveau

---

1. Sur les légendes et l'histoire du Wing Chun, on peut se reporter à R. Chu, R. Ritchie, Y. Wu, *Complete Wing Chun : The Definitive Guide To Wing Chun's History And Traditions*, North Clarendon, Tuttle Publishing, 1998.

supérieur permet une meilleure compréhension de ce qui était fait et dit aux niveaux inférieurs. Il s'agit d'une pratique dont le sens n'est pas immédiat, et dont on ressent durablement, même arrivé aux stades de maîtrise les plus hauts (comme Yip Man), que quelque chose nous échappe ou que quelque chose pourrait être mieux explicité, ou encore amélioré. D'où les sentiments que les pratiquants peu avancés peuvent éprouver : sentiment de mystère, sentiment qu'on leur cache des secrets, qu'on retarde leur progression en ne leur livrant que ce qu'ils sont censés pouvoir déjà faire ou pouvoir déjà comprendre. Ces sentiments expriment un désir de savoir plus et mieux qui émerge de la pratique, un désir qu'on retrouvera chez les pratiquants confirmés, un désir de comprendre qui nourrit une réflexion sur la façon dont il convient de décrire et d'expliquer cette pratique. Or, la manière dont les pratiquants conduisent cette réflexion produit en retour des effets sur leur apprentissage ou leur enseignement.

Le fait qu'un art martial soit avant tout un processus d'apprentissage a de nombreuses conséquences que je vais discuter en détail dans ce livre. Un processus d'apprentissage de bonne qualité ne peut jamais se réduire à l'imitation et à l'implantation d'automatismes. La qualité de cet apprentissage dépend de celle de la compréhension de ce qu'on est en train d'apprendre. On pourrait donner de nombreux exemples du fait qu'une interprétation erronée de la signification d'une technique, ou une connaissance partielle de ses différentes applications possibles, aura pour conséquence une exécution inadéquate de cette technique et la création de mauvaises habitudes. Pour guider sa propre pratique, il n'est jamais possible de s'appuyer seulement sur l'imitation. On est toujours guidé également par la compréhension de ce qu'on fait. Tout pratiquant aura tendance à modifier la technique qu'il a apprise pour la rendre conforme à la signification qu'il lui donne. Pour le meilleur ou pour le pire... La posture du Wing Chun fournit une bonne illustration des effets perturbateurs d'une compréhension inadéquate. En opposition avec de nombreux sports de combat et arts martiaux qui privilégient une « posture avant », épaules et têtes vers l'avant, le Wing Chun adopte une « posture arrière », la moitié du buste légèrement en arrière du centre de gravité et la tête dans le prolongement du buste. Cette position a une triple fonction : éloigner autant que possible la tête des poings de l'adversaire, faire reposer le poids sur une jambe arrière et ainsi libérer une jambe avant pour dévier des coups de genoux ou de pieds et en donner sans changement d'appui, et contrôler les effets de la force inertielle sur l'équilibre à l'issue d'un déplacement vers l'avant[1]. L'idée de « posture arrière » suffit à générer des images inappropriées chez de nombreux pratiquants qui, ou bien inclinent tellement leur corps vers l'arrière qu'ils perdent tout équilibre, ou bien cherchent à compenser cette perte d'équilibre en cambrant le dos. Leur position perd alors sa logique biomécanique et certaines de ses fonctions martiales. Une image inadéquate agit comme un obstacle.

La qualité du processus d'apprentissage dépend également de la compréhension des principes généraux et de la vue d'ensemble qui permet de relier les différents éléments d'un art martial dans un tout intégré et fonctionnel. Et il n'est pas rare que l'apprentissage soit ralenti sinon dévoyé en raison d'une mauvaise interprétation de l'une ou l'autre des différentes composantes d'un même art martial. Un exemple frappant est fourni par les mains collantes (*Chi Sao*) du Wing Chun. Cette technique d'entraînement a pour fonction de développer la sensibilité aux

---

1. Les lecteurs ne connaissant pas le Wing Chun pourront trouver une illustration de la posture et du déplacement, ainsi que des explications supplémentaires en suivant ce lien : https://www.youtube.com/watch?v=A8mgQqMqC1I

mouvements de l'adversaire dans une situation où les bras sont en contact avec ceux de l'adversaire. Il s'agit en fait de s'entraîner à réagir dans une situation de combat rapproché ou le traitement cognitif de la perception visuelle, moins rapide que celui de la sensation tactile, ne permet plus d'organiser efficacement le comportement. C'est d'ailleurs parce que la perception visuelle devient alors inutile qu'il est également possible de pratiquer les mains collantes « à l'aveugle », yeux fermés ou bandés, ce qui a contribué à la fascination produite par les arts martiaux chinois et le Wing Chun en particulier. Les mains collantes ne sont qu'un exercice, une technique d'apprentissage destinée à abaisser le seuil de perception tactile quant à l'intensité et à la direction de la force exercée par les bras de l'adversaire, quant aux rigidités et aux déséquilibres exploitables, et quant aux espaces disponibles pour des frappes[1]. Mais on voit de nombreuses écoles considérer les mains collantes comme des techniques de combat, et même organiser des compétitions de mains collantes ! Cette technique perd alors sa fonction propre. Elle est pratiquée comme une technique de combat dans la situation artificielle d'une joute codifiée, en même temps qu'elle est déconnectée de sa fonction la plus immédiate : réagir de la manière la plus rapide et la plus appropriée dans une situation où les mains ou les bras d'un agresseur viennent en contact avec nos bras. Les différentes techniques entrant dans les mains collantes perdent également le lien organique qu'elles devraient entretenir avec les techniques similaires effectuées dans des conditions différentes, celles où précisément les bras ne sont pas en contact. En d'autres termes, la pratique des mains collantes conduit alors à développer des habitudes doublement mauvaises, d'une part parce qu'elles sont ajustées à des contextes codifiés qui n'ont plus grand-chose à

---

1. On en trouvera une illustration en suivant ce lien : https://www.youtube.com/watch?v=m-HCqnxHgKA

voir avec les situations auxquelles elles sont censées préparer, d'autre part parce qu'elles sont isolées des techniques avec lesquelles elles devaient entretenir les rapports de continuité qui seuls garantissent une fluidité dans l'adaptation à des situations nécessairement changeantes et imprévisibles. La compréhension erronée qui fait des mains collantes une technique de combat plutôt qu'un exercice ralentit le processus d'apprentissage tout en faisant obstacle à l'intégration des différents automatismes acquis, et elle dévoie l'apprentissage en implantant des automatismes inefficaces en situations d'agression ou de combat non artificiel.

On dit parfois que dans les arts martiaux traditionnels chinois et japonais, rien d'autre n'est requis ni légitime que l'imitation et la répétition tandis que l'effort en vue de comprendre est la marque d'un intellectualisme tout occidental. Cela relève à mon avis d'une caricature dont les effets sont particulièrement néfastes. On oublie trop souvent que les arts martiaux traditionnels de la Chine et du Japon comportent une très grande diversité. Il en va de même des courants philosophiques qui se sont développés dans ces deux pays et dont la variété est trop significative pour qu'ils puissent être réduits à une pensée orientale opposée à la pensée occidentale elle-même prise en bloc. *La* pensée orientale n'existe pas plus que *la* pensée occidentale. En Chine notamment, les arts martiaux traditionnels puisent à des sources intellectuelles aussi différentes que le Confucianisme, le Taoïsme et le Bouddhisme. Ils héritent notamment de la valorisation de l'étude qui structure le système mandarinal. On lit sous la plume de Confucius : « l'apprentissage sans pensée est du temps perdu ». Ce principe joue un rôle dans certains arts martiaux chinois, et notamment dans le Wing Chun. La preuve en est que la première forme codifiée, celle par laquelle on commence l'apprentissage et qui contient les techniques qui feront l'objet du travail des premières années, s'appelle « petite idée » (*Siu Nim Tao*)[1]. Si, dans sa version traditionnelle, cet art martial avait reposé sur la seule imitation et répétition, en l'occurrence, la répétition des techniques contenues dans cette forme codifiée, il serait bien difficile de comprendre pourquoi un tel nom a été donné. En revanche, si l'on se souvient du précepte confucéen selon laquelle la qualité de l'apprentissage dépend de la qualité de la compréhension, ce nom prend tout son sens. À la lumière de ce précepte, il est tout à fait naturel de commencer l'enseignement par une forme codifiée qui donne une première idée des principes fondamentaux du style, une première interprétation ou une « petite idée » destinée à être progressivement rectifiée, affinée, complétée et approfondie. Cette première idée des principes fondamentaux sert à expliquer non pas seulement un ensemble de techniques, mais fournit en outre des outils intellectuels pour guider le processus d'apprentissage.

La qualité du processus d'apprentissage étant conditionnée par la qualité de la compréhension, il est crucial, dans chaque art martial, de développer des approches critiques de la compréhension qui provient de la tradition et de la manière dont, de génération en génération, elle a été transmise jusqu'à nous sous des formes sans cesse transformées. C'est ici aussi que la philosophie a un rôle à jouer. En effet, la réflexion critique sur les formes de la connaissance et de la compréhension est l'une des tâches les plus caractéristiques de la réflexion philosophique. À mon avis, il n'y a pas de véritable maîtrise d'un art martial sans ce genre de réflexion et il est de la responsabilité de tout instructeur d'en faire un élément de son enseignement pour permettre à ses élèves de développer une meilleure compréhension

---

1. On verra Yip Man exécuter cette forme en suivant ce lien : https://www.youtube.com/watch?v=HayGbErctBY

de leur pratique et d'améliorer leur processus d'apprentissage. Je considère qu'il est de mon devoir de donner à mes élèves les outils intellectuels qui leur permettent de diriger eux-mêmes, dans la mesure du possible, leur propre apprentissage, et aussi de se défendre contre les mystifications, les approximations et les erreurs qui sont si fréquentes dans le monde des arts martiaux. Ainsi, en apprenant l'auto-défense, ils apprennent également l'auto-défense intellectuelle.

Dans la vision traditionnelle, seul le grand maître, ou celui qui pense être parvenu au niveau culminant de la maîtrise de son art, est autorisé à s'engager dans des réflexions de type philosophique. On peut comprendre les raisons qui conduisent à ce point de vue : comme la compréhension s'accroît avec les échelons de l'appropriation de l'art, c'est seulement arrivé au terme du processus d'apprentissage qu'on acquiert une compréhension totalement satisfaisante, alors qu'une part d'incompréhension est inévitable aux échelons précédents. De même, on peut comprendre que celui qui pense être parvenu au terme de l'apprentissage fasse l'expérience d'une plénitude de savoir qu'il souhaite transmettre sous forme théorique. C'est sans aucun doute l'une des sources du désir de philosophie qui est propre à la pratique des arts martiaux. Cependant, il est à mon avis contre-productif, voire dangereux, de réserver la réflexion critique aux instructeurs. Le faire condamne leurs élèves à l'impuissance face aux superstitions, aux images et aux compréhensions inadéquates dont j'ai déjà indiqué qu'elles entravent le processus d'apprentissage. Dans mes séminaires, j'invite donc mes instructeurs et mes élèves non seulement à poser des questions, mais aussi à émettre des objections dès qu'une technique leur semble contredire des principes géométriques, biomécaniques ou propres au style, ou dès que cette technique leur semble manquer d'efficacité. Parmi mes instructeurs, j'admire ceux qui non seulement s'entraînent intensément et se mettent ainsi eux-mêmes au défi, mais aussi ceux qui me bombardent de questions pour s'assurer de la valeur de la compréhension qu'ils ont de leur pratique et de leur enseignement.

Ce droit qui est accordé aux élèves et aux instructeurs de contester la parole du maître peut sembler ignorer l'importance de la hiérarchie dans les arts martiaux, une importance qui de nouveau remonte sans doute à Confucius. On affirme parfois, en effet, que c'est la hiérarchie qui impose que l'enseignement se réduise dans un premier temps à l'obéissance et à la répétition, dans l'attente d'un savoir qui arrivera en son temps, lorsque le maître aura estimé qu'un niveau de pratique suffisant permettra que ce savoir fasse sens. En fait, cette vision des choses ne correspond pas vraiment à la manière dont les arts martiaux chinois pensent la hiérarchie. Celle-ci est en effet conçue selon un modèle familial, les élèves les plus avancés et les instructeurs occupant la position de grands frères, les maîtres celle de parents, et les grands maîtres celle de grands-parents. Cette hiérarchie définit une chaîne de respect pour les plus anciens, mais elle implique également que tout élève devient rapidement le grand frère des nouveaux venus, et qu'il a le devoir de leur venir en aide dans leur pratique et de leur expliquer ce qu'il a compris. Dans la mesure où ce système hiérarchique traditionnel implique que tout élève, à l'exception du dernier arrivé, est une sorte d'instructeur, il comporte en définitive beaucoup moins de hiérarchie que les systèmes d'enseignement aujourd'hui en vigueur en Europe ou en Amérique… Et cela pour le bénéfice de tous, quelle que soit la position dans la hiérarchie. En effet, tout instructeur sait qu'il apprend en enseignant. Enseigner aide à progresser non seulement en forçant à faire du mieux possible ce qu'on demande aux autres de faire, mais aussi en obligeant à énoncer les instructions aussi clairement et aussi efficacement que possible. Enseigner conduit enfin à soumettre ses routines et ses savoir-faire à une explicitation et à un examen critique, pour se préparer à répondre aux questions voire aux objections, et cette réflexion sur soi-même permet d'accéder à une meilleure compréhension de ce que l'on enseigne. Il est donc tout à fait raisonnable de demander à des élèves d'être aussi des instructeurs à temps partiel, de leur permettre ainsi de mesurer pratiquement les limites de leur compréhension et d'éprouver ainsi la nécessité d'un progrès dans les capacités à décrire et à expliquer. Mettre l'étudiant en position d'instructeur introduit un élément dynamique dans le versant intellectuel du processus d'apprentissage qui permet d'accompagner au mieux la dynamique d'acquisition des savoir-faire.

On voit donc que la pratique d'un art martial entretient en fait différents types de liens avec ce qu'on peut appeler philosophie. Quelles sont donc les conséquences pratiques des différentes formes de réflexion philosophique pouvant être développées dans un art martial ? Et quelles sont les implications des arts martiaux pour les grandes questions que se posent les philosophes ? Ces deux questions définissent l'objet de ce livre. Je chercherai à y répondre en m'appuyant sur mon expérience de la pratique et de l'enseignement du Wing Chun, une pratique et un enseignement qui s'inscrit depuis 2001 dans une organisation internationale qui s'efforce de rester aussi proche que possible des principes traditionnels du Wing Chun, mais aussi de les traduire en termes rationnels et intelligibles pour tous, tout en adaptant le Wing Chun à notre temps, un temps dont les dangers sont tout aussi différents de ceux de la fin du XVII e siècle que les hommes et les femmes d'aujourd'hui sont différents de ceux et celles d'alors. Pour moi, le rapport entre art martial et philosophie n'est pas un sujet de discussion abstraite ou de réflexion universitaire, mais quelque chose qui compte dans ma pratique et dans mon enseignement. Je suis convaincu que la qualité des réflexions de type philosophique qui peuvent se développer au sein des arts martiaux peut être évaluée pratiquement du point de vue de leurs effets sur le processus d'apprentissage. De même, je vois mal comment on pourrait accéder à une compréhension convenable des implications philosophiques générales des arts martiaux sans s'appuyer sur la maîtrise approfondie d'au moins l'un d'entre eux. En d'autres termes, je ne vois pas comment on pourrait prétendre développer une philosophie des arts martiaux sans se fonder sur une expérience diversifiée, durable et intime des différentes dimensions de la pratique et de l'enseignement des arts martiaux.

différents types de livres
sur les arts martiaux

J'ai mentionné que les arts martiaux tendent à produire davantage de discours et de textes que les sports de combat. De même, les discours et les textes y jouent généralement un plus grand rôle que dans les sports de combat. Un boxeur devra se soumettre à un entraînement exigeant fondé sur un travail de musculation et de conditionnement physique, ainsi que sur différents types d'exercices spécifiques (travail au sac et au *punching ball*, *shadow boxing*, *sparring*, etc.). On lui demandera de répéter des techniques qu'il devra tout d'abord imiter et qu'on corrigera ensuite, mais on ne l'invitera pas à lire des livres qui lui permettraient de mieux comprendre le sens de sa pratique, la biomécanique ou la géométrie de ses coups de poing et de ses esquives. Il va sans dire que le travail physique, la répétition de techniques, l'équivalent du travail au sac, du *shadow boxing* et du *sparring* joueront également un rôle décisif dans la pratique de nombreux arts martiaux. On peut même penser que le Kung Fu le plus traditionnel, le seul à véritablement mériter d'être appelé ainsi, était principalement enseigné par imitation et répétition. C'était en effet le cas lorsqu'il consistait en une pratique principalement transmise de père en fils, et ce depuis le plus jeune âge, un âge où l'imitation et la fascination pour un monde auquel son propre père livre l'accès sont évidemment les seuls ressorts pédagogiques disponibles. Mais l'enseignement du Kung Fu n'a plus rien à voir avec ce modèle qui n'est plus même celui auquel on pense aujourd'hui lorsqu'on parle d'arts martiaux traditionnels.

Le fait est que les pratiquants d'arts martiaux sont plus souvent invités par leurs instructeurs à lire des manuels et des traités, lecture qu'ils considèrent comme partie constituante du processus d'apprentissage. D'où la quantité quelque peu disproportionnée de livres consacrés aux différents styles de Tai Chi, de Kung Fu ou de Karaté. Certes, tous les arts martiaux ne donnent pas à la lecture la même importance, et au sein d'un même art martial, les choses peuvent changer du tout au tout suivant les écoles ou les instructeurs. Mais même lorsque la lecture n'est pas fortement recommandée, nombreux sont les pratiquants qui cherchent à multiplier leurs sources d'informations, que ce soit sur des forums internet dédiés, ou par la lecture de livres de Miyamoto Musashi (le plus célèbre sabreur du Japon qui était également considéré comme un philosophe), de Bruce Lee (le seul ouvrage édité de son vivant est intitulé *Le Kung Fu Chinois. Une philosophie de la self-défense*), ou de tout autre auteur faisant autorité. Qu'il s'agisse simplement d'entretenir leur motivation, ou bien d'accéder à une meilleure compréhension de leur pratique, ils feront de leurs lectures des instruments au service de leur apprentissage. Le Wing Chun ne fait pas exception à la règle. Il compte parmi les styles dans lesquels les élèves sont généralement incités à la lecture. Yip Man déjà avait rédigé une histoire du Wing Chun, et ceux de ses élèves qui ont fondé des organisations internationales, comme Leung Ting ou William Cheung, sont également des auteurs de livres. Leurs élèves ont fait de même. Dans l'organisation fondée par Leung Ting, où j'ai appris le Wing Chun, de même qu'aujourd'hui dans la mienne, les étudiants sont invités à s'informer de l'histoire de cet art martial, et à lire les livres qui leur permettent de mieux comprendre son histoire et ses principes.

Mais il existe des types très différents de livres sur les arts martiaux et ils ne présentent pas tous le même intérêt. Je crois qu'on peut distinguer quatre catégories différentes : a) les livres rapportant les récits relatifs aux origines et au développement d'un art martial ainsi qu'aux légendes dont il fait l'objet, b) ceux qui cherchent à éclairer tel ou tel art martial, voire les arts martiaux asiatiques en général, du point de vue de la soi-disant philosophie orientale, c) les livres où des chercheurs tentent de rendre compte des arts martiaux du point de vue de leur spécialité universitaire (par exemple du point de vue d'une sociologie de la violence ou d'une philosophie du corps), et d) les manuels écrits par le spécialiste d'un ou plusieurs arts martiaux.

les récits légendaires

En langue française, on trouve une illustration de la première catégorie dans le livre de Roland Habersetzer, *Kung-Fu Originel. L'épopée de la main de fer*[1]. Jusqu'à la fin du XIXᵉ siècle et les luttes contre les politiques expansionnistes des puissances occidentales (commerce d'opium, concessions, etc.), le Kung Fu est resté principalement un art réservé au plus petit nombre. Le fait que l'enseignement de cette pratique soit resté secret a renforcé l'étonnement et la fascination qu'elle produit aujourd'hui encore. Le contexte culturel de l'époque, l'imprégnation religieuse et les superstitions ont conduit à associer cet étonnement et cette

1. R. Habersetzer, *Kung-Fu Originel. L'épopée de la main de fer*, Paris, Amphora, 1985.

fascination à l'idée que les arts martiaux permettaient de maîtriser des forces cosmiques et d'acquérir des pouvoirs surnaturels. Cette vision des choses a été renforcée par le fait avéré que les arts martiaux ont été pratiqués dans certains monastères, voire par la croyance, dénuée de fondement historique, mais véhiculée par certaines légendes officielles du Kung Fu, que seuls les moines en possédaient une complète maîtrise. Le cinéma de Hong Kong et d'Hollywood en a fait ses choux gras. Dans ces conditions, il n'est pas étonnant que l'histoire du Kung Fu ait surtout été l'objet de légendes, d'histoires fabuleuses, de récits d'actes et des vies extraordinaires. Dans toutes ces histoires, on voit des pratiquants d'arts martiaux développer des pouvoirs qui les rendent invincibles, en même temps qu'ils accèdent aux plus hautes vertus, quels que soient leur âge et leurs conditions de vie. Ces légendes sont tout à la gloire de héros qui étaient probablement déjà devenus des mythes de leur vivant, et elles ont sans doute des fondements très réels, mais elles sont également le produit de l'ignorance, de la crédulité et des superstitions de l'époque ainsi que des extrapolations imaginaires.

Aujourd'hui encore, on peut observer parmi les pratiquants des croyances en la puissance absolue de telle ou telle technique, ou encore en l'invincibilité de tel ou tel maître. On retrouve les anciennes superstitions dont se nourrissent les films d'arts martiaux en même temps que ces derniers les entretiennent. Aujourd'hui encore, on continue à croire aux secrets qui ne seraient connus que de grands maîtres cachés, ou bien qui auraient été emportés par des grands maîtres passés dans leurs tombes. Il n'est donc pas étonnant qu'une époque globalement moins éduquée et plus superstitieuse que la nôtre ait produit des légendes pleines de crédulité et de superstition. Ces légendes, cette crédulité et cette superstition ont fait et font encore aujourd'hui une part de l'attrait des arts martiaux, mais elles leur ont également causé beaucoup de tort. En effet, la croyance en les pouvoirs absolus du Kung Fu a été délibérément utilisée, au tournant des XIXᵉ et XXᵉ siècles, lors de la révolte des Boxers, et c'est à cette occasion que son enseignement a été largement diffusé, pour mobiliser les masses contre les balles des occupants européens et américains. Le Kung Fu était censé être plus efficace que les balles. Tous ceux qui y ont cru et qui y ont survécu se sont détrompés ; il était trop tard pour les autres. Le Kung Fu n'a pas le pouvoir de dévier les balles des fusils, pas plus que de permettre de voler d'arbre en arbre ou de sauter au-dessus des murs d'enceinte, quoiqu'en montre les films qui lui sont consacrés, et il s'en est trouvé discrédité durablement en Chine[1].

Cependant, étant donné le manque d'archives et de sources fiables concernant l'histoire des arts martiaux et du Kung Fu en particulier, on ne peut se contenter d'ignorer les légendes et les récits issus de la tradition. Pour reconstruire l'histoire du Kung Fu, par exemple, il convient donc de soumettre ces légendes à un examen critique, en cherchant à les expurger de leurs contradictions et à comprendre le sens qui s'exprime sous forme d'images et d'extrapolations. Les légendes et les récits issus de la tradition se contredisent souvent et sur ce point également le Wing Chun fournit de bonnes illustrations. Selon les versions, Ng Mui aurait inventé ce nouveau style de Kung Fu après avoir observé le combat d'un serpent ou d'un renard avec une grue. Il est également important de comprendre que même si la légende qui retrace l'origine d'un art martial se révélait fausse, elle continuerait à être significative. En effet, les légendes ne sont pas intéressantes seulement parce qu'elles permettent peut-être de reconstruire une partie de la vérité historique. Elles permettent également de comprendre quel sens fut donné par le passé aux

---

1. Sur ce point et sur ce que l'on sait de l'histoire du Kung Fu, on peut consulter J. Carmona, *De Shaolin à Wudang*, Paris, Guy Trédaniel, 1999.

principes des différents styles et aux proverbes qui leur furent associés. Elles méritent donc d'être interprétées.

Je suis personnellement moins intéressé par les recherches historiques qui tentent de déterminer quelles furent les origines du Wing Chun que par l'interprétation du sens des légendes qui font remonter cet art martial à une nonne du monastère bouddhiste de Shaolin. Même si Ng Mui n'a jamais existé, il reste significatif que les pratiquants de Wing Chun aient cru, de génération en génération, que ce style a été créé par une femme, dotée de la haute éducation associée aux temples, ayant pratiqué les différents styles de Kung Fu zoomorphes qui sont aujourd'hui encore associés au nom de Shaolin, et ayant inventé un autre style pour les contrer. Avoir une femme comme fondatrice, voilà indéniablement qui singularise le Wing Chun dans l'histoire légendaire des arts martiaux orientaux. On peut y voir l'expression, chez ceux qui ont transmis ce récit, de la croyance en la supérieure efficacité de ce style de combat. On peut également y voir la conscience que ses spécificités tenaient au fait de dévier la force de l'adversaire plutôt que d'user de la force contre la force, qu'elles tenaient aussi à l'adoption d'une posture souple facilitant des rotations et des déplacements rapides plutôt qu'une posture recherchant la solidité de l'ancrage au sol et la puissance des attaques, qu'elles tenaient enfin à la recherche du combat à courte distance plutôt que l'allonge maximale, à l'utilisation de coups de poing enchaînés destinés à submerger l'adversaire plutôt qu'à la recherche de la force d'impact maximale[1]. Que le Wing Chun ait été créé ou non par une femme, cela ne change rien au fait si une femme peut utiliser une technique efficace contre un homme plus fort

---

1. Pour une illustration d'une application de ces principes, on peut suivre ces liens : https://www.youtube.com/watch?v=rP6N3zuyLaA ; https://www.youtube.com/watch?v=0SzBVs09-n4

qu'elle, un homme pourra aussi l'utiliser contre un homme plus fort que lui. Cela ne change rien non plus au fait que les autres arts martiaux chinois traditionnels sont moins appropriés pour une femme que ne l'est le Wing Chun, et que son efficacité ne dépend pas des atouts dont on considère généralement, à tort ou à raison, qu'ils font la supériorité des hommes sur les femmes : taille et force musculaire.

Que Ng Mui ait été censée posséder le Kung Fu de Shaolin, cela aussi est significatif. On peut y voir l'expression du sentiment que le Wing Chun effectue la synthèse des qualités des cinq animaux de Shaolin : la puissance et la résistance du dragon, la puissance et l'explosivité du tigre, l'équilibre et la flexibilité de la grue, la discipline, la patience et la concentration de la mante religieuse, l'agilité et la fluidité du serpent. Combiner ces différentes qualités est sans doute recherché dans beaucoup d'arts martiaux, sinon dans tous, mais il est des manières très différentes de le faire, et la légende voulant que Ng Mui se soit inspirée de la victoire d'une grue sur un renard ou un serpent exprime sans doute la conscience que l'équilibre et la flexibilité jouent un rôle tout particulier dans le Wing Chun.

Que Ng Mui ait été non seulement une spécialiste des arts martiaux et une femme, mais aussi une nonne, est tout aussi significatif. Cela suggère que ce style de Kung Fu, fondé sur un moindre nombre de techniques et de formes codifiées que les autres styles traditionnels, et reposant sur les principes généraux adaptables à toutes les situations, était trop systématique et intelligent pour avoir été créé par une personne qui ne soit pas une femme ou un homme de science. À mon avis, il faut voir dans cette légende le sentiment que la spécificité de cet art martial dépend de son caractère scientifique. Je reviendrai sur le sens qu'on peut donner à ce terme dans le contexte des arts martiaux mais je précise dès maintenant, pour éviter tout malentendu, que je ne l'entends pas ici au sens de la science religieuse.

Chaque art martial a ses propres récits légendaires et ces récits ont une double face. D'un côté, ils formulent les principes de cet art. De l'autre, ils en reconstruisent l'histoire passée. Ces deux faces communiquent dans la mesure où chaque art martial, à chaque étape déterminée de son développement, reconstruit son passé en fonction de la manière dont il se comprend lui-même. Pour un pratiquant d'hier comme d'aujourd'hui, il est difficile de s'approprier les principes de son art martial sans repartir des légendes et des devises sous lesquelles ces principes ont été formulés. Mais dès que l'on comprend que ces légendes étaient déjà des reconstructions du passé à l'époque où elles ont été formulées, on ne doit plus hésiter à proposer de nouvelles interprétations des récits légendaires et des devises pour parvenir à une meilleure compréhension des principes d'un art martial qui nous ont été livrés par la tradition. Les récits légendaires et les devises sont constitutifs de la tradition, mais la tradition, en tant qu'interprétation du passé, se réinvente sans cesse, et il ne faut pas craindre de participer à cette réinvention conformément aux expériences et aux savoirs qui sont propres à notre temps. Voilà déjà pourquoi la distinction de ce qui est « traditionnel » et « modifié » est toujours contestable : elle présuppose à tort une inertie de la tradition et transforme ainsi la tradition en un passé mort.

Indépendamment de leur contenu, les récits légendaires sont intéressants aussi pour leurs effets, à savoir pour tout ce qui peut éveiller et entretenir le souhait, chez les pratiquants, de ressembler aux héros du passé. En chinois, le terme Kung Fu évoque un savoir-faire obtenu par un dur et long travail. Entretenir la motivation est crucial pour poursuivre un tel travail, en l'occurrence pour rendre supportables la pénibilité et le caractère répétitif de l'entraînement. L'admiration suscitée par les figures légendaires d'un passé plus ou moins récent est utile dans cette perspective, à condition, comme je l'ai déjà souligné, qu'elle soit soumise à la critique rationnelle et qu'elle ne se substitue pas à la réflexion personnelle. Je dis « plus ou moins récent » parce que le processus qui tend à produire des héros légendaires n'appartient pas seulement à un passé éloigné. Bruce Lee était devenu un héros légendaire de son vivant, et je sais que je suis considéré ainsi par différentes personnes, au sein de mon organisation et hors d'elle. Quand elle atteint un haut degré, l'admiration a souvent différentes sources. L'origine de l'admiration dirigée vers moi peut résider dans ce qui m'a conduit à la pratique des arts martiaux (jeune immigré turc en Allemagne, j'ai été confronté à différentes reprises aux agressions racistes), dans le nombre de combats victorieux dans lesquels je me suis trouvé impliqué à la suite de défis, ou dans le fait que j'ai consacré ma vie à la pratique et à l'enseignement du Wing Chun. En raison de l'admiration qu'ils ont pour moi, certains me considèrent comme un personnage de légende, et s'ils assistent à mes séminaires, ils ont parfois l'impression de toucher et de parler à un mythe. Il s'agit d'un phénomène ambivalent. L'admiration peut devenir un facteur négatif dans les relations sociales, de même que dans le processus d'apprentissage d'un art martial. Elle peut devenir un obstacle pour la réflexion personnelle et elle peut être utilisée pour manipuler les gens. C'est certainement l'un des facteurs qui expliquent que les écoles d'arts martiaux tendent si souvent à se transformer en sectes. Mais l'admiration peut également constituer un facteur positif en tant que source de motivation. Je sais qu'il est de ma responsabilité de faire tout mon possible pour que l'admiration que certains ont pour moi leur soit psychologiquement, socialement et martialement bénéfique plutôt que nuisible. De cela également dépend la qualité du processus d'apprentissage.

Pour résumer, je dirais donc que les livres sur les arts martiaux relevant des récits et de l'histoire légendaires sont intéressants en tant que documents, en tant que formulation des principes d'un art martial, et en tant que source de motivation. Mais de ces trois points de vue, les récits légendaires et l'histoire telle qu'elle est livrée par la tradition peuvent également avoir des effets contreproductifs s'ils ne sont pas soumis à la réflexion rationnelle et à l'examen critique. Ce qui est vrai des légendes l'est également de la surprise et de la fascination produites par les arts martiaux dont se nourrissent les films consacrés à ces derniers. L'étonnement est toujours lié au sentiment que quelque chose dépasse l'entendement mais aussi au désir de comprendre. C'est la raison pour laquelle les philosophes ont parfois fait de l'étonnement la source de la philosophie. L'étonnement des élèves devrait être utilisé plus systématiquement dans le processus d'apprentissage, et non réprimé sous prétexte que les arts martiaux resteront longtemps au-delà de leurs capacités de compréhension, et que les instructeurs seuls sont capables de comprendre. Mais la curiosité peut aussi être intégrée de manière problématique dans le processus d'apprentissage, comme lorsqu'on suggère qu'elle ne peut être assouvie que par la philosophie orientale. À mon sens, la philosophie des arts martiaux devrait être un moyen d'assouvir cette curiosité par l'examen critique et la réflexion rationnelle, mais c'est le plus souvent en un autre sens qu'on mentionne la philosophie des arts martiaux dans le processus d'apprentissage. Ce qu'évoque spontanément l'idée de philosophie des arts martiaux, c'est en effet une application de la philosophie orientale, plus précisément, du bouddhisme, du taoïsme et du confucianisme.

la philosophie orientale

La deuxième catégorie de livres consacrés aux arts martiaux a précisément pour objectif de décrire leurs enjeux à partir de la soi-disant « philosophie orientale ». De nombreux ouvrages entrent sous cette catégorie, comme par exemple celui Taisen

Deshimaru, *Zen & Arts martiaux*[1], où les arts martiaux japonais sont interprétés du point de vue de la sagesse Zen et présentés comme résultant d'une transformation de la brutalité inhérente au combat guerrier par la version japonaise du bouddhisme. Dans le cas des arts martiaux chinois aussi, il est tentant de chercher leur philosophie dans les principes du bouddhisme, du taoïsme ou du confucianisme, ou plus généralement, dans ce qui est censé définir la spécificité d'une philosophie orientale définie par contraste avec la philosophie occidentale[2]. Dans certains des traités qui portent sur le Wing Chun, on trouve l'idée que cet art martial est entièrement fondé sur des principes taoïstes, mais il semble évident que le bouddhisme a également joué un rôle (dans la première forme codifiée, « petite idée », un mouvement est appelé « prière à Bouddha »), ainsi que le confucianisme (comme le prouve l'importance de la hiérarchie et du savoir qui doit guider l'apprentissage).

Même si ce livre entend l'idée de philosophie des arts martiaux en un autre sens, il ne fait pas de doute que ce genre d'approche de la philosophie des arts martiaux doit être pris au sérieux. Si l'on veut vraiment comprendre les arts martiaux orientaux, on doit rester conscient que ce type de pratique corporelle, de technique de combat et de processus d'apprentissage est né dans un environnement culturel particulier. Les arts martiaux portent indéniablement la trace des mœurs, des croyances religieuses et du savoir scientifique de l'époque de leur émergence. Le Wing Chun ne fait pas exception à la règle. Il comporte des éléments

---

1. T. Deshimaru, *Zen & Arts martiaux*, Paris, Albin Michel, 1983. On trouve d'autres illustrations dans le volume dirigé par G. Priest, D. Young, *Martial Arts and Philosophy. Beating and nothingness*, Chicago, Illinois, Open Court, 2010, qui contient également des tentatives d'application de la philosophie occidentale aux arts martiaux, notamment dans un article sur Platon.

2. On trouve une illustration de ce type de démarche comparative chez Fr. Jullien, *Traité de l'efficacité*, Paris, Grasset, 1996.

taoïstes, bouddhistes et confucéens. Certains de ses principes proviennent des sciences médicales qui ont innervé les arts internes, comme le Chi Gong, et les arts martiaux internes, comme le Tai Chi, le Ba Gua et le Xin Yi pour les plus connus (je reviendrai sur les distinctions entre arts internes et arts martiaux internes et externes dans le prochain chapitre). Je considère que la compréhension de ces principes est importante, et c'est d'ailleurs pour cette raison que je demande à mes instructeurs d'écrire des essais sur le taoïsme, le bouddhisme et le confucianisme lorsqu'ils atteignent un grade élevé.

Il n'en reste pas moins qu'il y a quelque chose de problématique dans la démarche consistant à aborder la question de la philosophie des arts martiaux du point de vue de la « philosophie orientale ». Cette démarche semble présupposer que le seul discours légitime sur les arts martiaux est celui qui se formule dans les termes de Lao Tseu et Confucius. Nombreux sont les pratiquants (c'est vrai tout particulièrement dans les styles internes) qui considèrent ainsi que les arts qu'ils apprennent ou enseignent sont si éloignés de leurs propres manières occidentales de penser qu'ils ne doivent pas chercher à les comprendre à partir des critères de rationalité auxquels ils se réfèrent d'ordinaire. Ces pratiquants se persuadent que la seule manière de décrire et d'expliquer les pratiques de leurs arts consiste à utiliser des principes bouddhistes ou taoïstes et à formuler ces derniers à travers des images et des formules taoïstes ou bouddhistes. Et pourtant, décrire des pratiques de cette manière ne peut faire sens qu'au sein d'une culture chinoise qui fut longtemps indissociable d'une part d'une forme de pensée par images et métaphores et d'autre part d'une forme de vie organisée par des proverbes. Ces formes de pensée et de vie, qui furent intimement liées l'une à l'autre en Chine, sont étrangères aux formes de pensée et de vie qui sont aujourd'hui dominantes à l'échelle mondiale. Les employer dans les pays européens, par exemple, revient à accepter que les arts martiaux restent incompréhensibles aux Européens. Cela revient à entériner, et à renforcer, la croyance qu'il y aurait quelque chose de mystérieux, d'inaccessible à la compréhension rationnelle. Cela revient à refuser d'analyser sérieusement la nature, le sens et les implications de ce qui est en jeu dans la pratique et le processus d'apprentissage des arts martiaux.

Ce refus de l'analyse rationnelle et de la réflexion personnelle a des conséquences fortement préjudiciables sur la pratique, notamment en ce qu'il empêche de comprendre le sens des images et des formules qui sont censées guider la pratique. Prenons l'exemple de l'une des formules traditionnelles associées à la pratique de la première forme codifiée du Wing Chun (Siu Nim Tao, ou « petite idée ») : « Pousse la tête contre le ciel et tiens-toi fermement sur le sol ». Une explication traditionnelle est que le pratiquant de Wing Chun doit avoir son corps totalement redressé comme s'il poussait vers le haut avec sa tête, de peur que le ciel lui tombe sur la tête, et qu'il exerce une forte poussée avec ses pieds, comme s'il voulait rester debout alors que le sol tremble[1]. Ces explications portent clairement la trace de peurs primitives qui ne sont plus partagées par la plupart de nos contemporains. On voit mal comment elles pourraient permettre de comprendre quelque chose. En revanche, il est clair qu'elles peuvent conduire à des mauvaises interprétations. L'image de la poussée du ciel avec sa tête peut donner à penser qu'il faut étendre son cou autant que possible. Cela créerait une tension musculaire trop artificielle et localisée pour permettre de redresser efficacement son corps, et cette tension musculaire serait par ailleurs contradictoire avec l'un des principes généraux

---

1. Leung Ting, *Siu Nim Tau. The Set, Main-Points, Mottoes & Applications*, Hong Kong, Leung's Publications, 2002, p. 120.

qui doit guider la pratique de Siu Nim Tao : contracter le bas du corps, décontracter le haut du corps. Sans interprétation intelligente des formules et des images, aucune pratique intelligente n'est possible.

Les pratiquants qui pensent que la « philosophie chinoise » est la seule manière de comprendre les arts martiaux chinois tombent d'ailleurs dans la contradiction. D'un côté, ils présupposent un fort relativisme culturel en croyant que les spécificités culturelles des arts martiaux chinois sont trop fortes pour pouvoir être comprises d'un point de vue extérieur. D'un autre côté, ils présupposent qu'ils peuvent sans problème s'approprier des manières chinoises de comprendre et d'agir qui proviennent d'un passé révolu, comme s'ils n'étaient pas eux-mêmes culturellement extérieurs à ces manières de vivre et penser. Ce qui en résulte est une double impasse. La première est celle de l'exotisme : les arts martiaux apparaissent intéressants non pas parce qu'ils peuvent devenir une partie de nos vies, mais parce qu'ils n'ont rien à voir avec nos manières de vivre et de penser. Non seulement cet exotisme renforce la crédulité et les superstitions qui entourent les arts martiaux, mais ils deviennent des moyens de fuir nos manières de vivre et de penser plutôt que de les rendre meilleures. La deuxième impasse tient au fait que cette manière de concevoir la philosophie des arts martiaux implique un refus de toute analyse rationnelle et de toute réflexion critique. J'ai déjà dit qu'un tel refus est dommageable non seulement parce qu'il revient à renoncer à lutter contre la crédulité et les superstitions qui entourent les arts martiaux, mais aussi parce qu'il produit de nombreux effets pervers au sein même du processus d'apprentissage. Je dois ajouter que cette manière de concevoir la philosophie des arts martiaux est souvent utilisée par les instructeurs pour se protéger de la critique venant de leurs élèves et pour créer artificiellement une fascination pour leur savoir. Le savoir ésotérique produit des illusions de profondeur, même lorsqu'il est dénué de contenu, et par définition, il est inaccessible à la critique de ceux qui ignorent les secrets dont il livre le sens. La « philosophie chinoise » peut donc facilement être utilisée comme un moyen de protection et de domination. L'un des enjeux de la philosophie des arts martiaux modernes qui est présentée ici est de fournir des moyens d'autodéfense intellectuelle contre ce type de domination.

D'un côté, donc, les arts martiaux ont été profondément marqués par leur contexte d'émergence, mais d'un autre côté, nous vivons dans un contexte différent et il nous faut traduire les éléments philosophiques bouddhistes, taoïstes et confucéens incorporés dans les arts martiaux dans des termes rationnels pour pouvoir les soumettre à une réflexion critique. Cela signifie que ce qui relève de la « philosophie orientale » dans les arts martiaux doit être mis en rapport avec des manières de penser qui peuvent sembler caractéristiques de la « philosophie occidentale ». Je ne vais évidemment pas m'engager ici dans une comparaison de la philosophie « occidentale » et de la philosophie « orientale » et dans une discussion concernant le sens du terme « philosophie » dans les deux cas. Je me contenterai donc de rappeler qu'il y a assez de diversité au sein de l'histoire de la philosophie chinoise et de la philosophie occidentale pour que de nombreux liens puissent être établis entre ces deux mondes intellectuels. Il n'y a aucune raison de croire qu'une philosophie des arts martiaux devrait rejeter tout ce qui est lié aux manières occidentales de penser. Inversement, il n'y a aucune raison de croire que les éléments philosophiques bouddhistes, taoïstes et confucéens des arts martiaux ne peuvent pas être reformulés dans le cadre d'une conception de la philosophie comme réflexion critique et examen rationnel.

On peut adresser une autre critique générale au type traditionnel de compréhension de la philosophie des arts martiaux : il conduit en définitive à adopter un point de vue externe sur la pratique et le processus d'apprentissage des arts martiaux. Il revient en effet à chercher les implications philosophiques de ces pratiques dans des discours qui ont été élaborés indépendamment des arts martiaux et à des fins différentes de celles que ces derniers poursuivent. Je ne conteste pas que le développement des arts martiaux chinois et japonais ait été profondément influencé par les principes bouddhistes, taoïstes ou confucéens et que les textes qui ont formulé ces principes présentent une utilité pour comprendre la nature de cette influence. Mais il est évident que le développement des arts martiaux leur a également permis de se perfectionner progressivement en fonction de leurs fins propres. Les implications de ces perfectionnements internes méritent elles aussi d'être prises en compte dans une philosophie des arts martiaux. L'approche de la philosophie des arts martiaux qui réduit cette dernière à une application de tel ou tel courant de la philosophie orientale consiste à considérer qu'il n'y a pas d'autre travail philosophique à faire, concernant les arts martiaux, que de leur appliquer des doctrines toutes faites qui n'ont pas été élaborées à leur sujet. Je pense au contraire qu'il faudrait développer un travail philosophique qui soit interne aux arts martiaux, qui parte de l'analyse de leur pratique et de leur enseignement pour expliciter leurs enjeux philosophiques, pour réfléchir à la façon dont les manières de décrire et de comprendre les arts martiaux influencent leur processus d'apprentissage, et pour montrer que la prise en compte des arts martiaux peut conduire à réviser un certain nombre de conceptions généralement admises concernant des questions philosophiques classiques comme « qu'est-ce qu'un corps ? », « qu'est-ce que l'action ? », « quelle est la place de l'intention dans l'action volontaire ? », « qu'est-ce que le travail ? » et « qu'est-ce qu'apprendre ? ». Chercher à répondre à ces questions, c'est parfois l'ambition des chercheurs, mais ceux-ci adoptent de nouveau un point de vue tout aussi extérieur.

le point de vue des chercheurs

Nombreux sont ceux qui ont abordé les arts martiaux à partir des méthodes et de l'état du savoir qui est propre à leur discipline académique de spécialisation : sociologie ou psychologie de l'apprentissage, sociologie du sport ou de la violence, psychologie des situations dangereuses, philosophie du corps, etc. Toutes ces approches sont susceptibles d'apporter des contributions pertinentes à la compréhension des arts martiaux, et tout particulièrement à celle de la diversité des processus à l'œuvre dans leur pratique et leur enseignement. C'est le cas notamment des approches sociologiques qui s'intéressent aux structures sociales de la pratique des arts martiaux ou aux trajectoires sociales des pratiquants[1]. La pratique des arts martiaux comporte une dimension individuelle en ce qu'elle suppose un engagement durable et un travail persévérant, et elle comporte également une dimension culturelle dont je viens de parler. Elle comporte en outre différentes dimensions sociales. Je ne suis pas sociologue, mais je suis néanmoins assez bien placé pour en parler. Diriger une organisation internationale comme la mienne offre en effet un bon point d'observation sur la variété des contextes sociaux et de leurs effets. Même si les règles, les programmes et les objectifs sont les mêmes dans toutes les écoles réunies dans cette organisation, les manières de s'entraîner, les manières de s'engager, les motivations et les fins pratiques sont très différentes à New York, Copenhague, Dubaï,

---

1. Pour une illustration de ce genre d'approches, on peut mentionner le numéro des *Actes de la recherche en sciences sociales* : « Pratiques martiales et sports de combat », n° 179, 2009/4.

Cuba ou Téhéran, et selon les origines sociales qui prédominent dans telle ou telle école d'un même pays ou d'une même ville. La variété ne dépend pas seulement de la diversité des contextes culturels, mais autant des contextes sociaux. Pratiquer le Wing Chun ne signifiera pas la même chose si vous avez fréquenté des mondes sociaux qui vous ont exposé à la violence de rue, si votre profession est celle d'un videur de boîte de nuit, ou si vous êtes un cadre supérieur ayant toujours vécu dans un environnement protégé. Il n'en reste pas moins que des personnes aussi différentes parviennent à s'entraîner ensemble dans les séminaires nationaux et internationaux que j'organise. J'ai moi-même été enfant de travailleur immigré et videur de boîte de nuit, mais j'ai également cherché à développer une manière de pratiquer et d'enseigner qui donne toute sa place à la réflexion intellectuelle et le Wing Chun, qui est connu pour son efficacité est sans doute également l'art martial le plus rationnel et systématique. Cela explique sans doute que des pratiquants très différents puissent s'identifier à des dimensions de l'art martial qui peuvent sembler opposées et qui peuvent provoquer des attractions différentes selon les milieux sociaux. Il n'est donc pas surprenant que des pratiquants aux trajectoires sociales et aux attentes très différentes puissent en venir à participer à la même activité collective.

Toutes les approches académiques ne présentent certes pas le même intérêt pour la pratique. Ainsi, on peut considérer que les approches sociologiques sont complémentaires des approches physiologiques et psychologiques que l'on trouve par exemple chez Dave Grossman [1]. Mais pour les pratiquants, les secondes présentent un plus grand intérêt que les premières. Comme

---

1. D. Grossman, L. W. Christensen, *On Combat. The Psychology and Physiology of Deadly Conflit in War and Peace*, Joplin, MO, Warrior Science Publications, 2004 ; D. Grossman, *On Killing. The Psychological Cost of Learning to Kill in War and Society*, New York, Back Bay Books, 2009.

Grossman l'explique, il existe un gouffre entre l'entraînement au combat et le combat réel, non seulement parce que les situations d'agression ou de violence collective où les arts martiaux peuvent présenter une utilité n'admettent pas de règles, mais aussi en raison des différents processus physiologiques et psychologiques qui s'enclenchent lorsque nous sommes confrontés à une agression, à des formes de violences extrêmes, et à toutes les situations où la survie est en jeu. Ce gouffre sera d'autant plus grand que les pratiquants entretiendront des illusions quant à la toute-puissance de telle ou telle technique. Les approches physiologiques et psychologiques permettent de lutter contre ces illusions et d'alimenter la réflexion rationnelle sur les arts martiaux. Elles permettent de démystifier la manière dont les arts martiaux invitent traditionnellement à dépasser les émotions produites par les situations où le combat est possible, imminent ou en cours. Les recherches physiologiques et psychologiques sur les situations de confrontation à un grand danger montrent que tous les humains, comme tous les animaux, subiront les effets d'un choc d'adrénaline (augmentation du rythme cardiaque, déformation du champ visuel, insensibilisation partielle, etc.). Dans tout le règne animal, le choc d'adrénaline sert à développer les capacités de fuite et d'attaque si la fuite est impossible et c'est seulement chez les humains que l'adrénaline en vient si souvent à constituer un facteur perturbateur. C'est à la lutte contre ces effets perturbateurs qu'invite le discours traditionnel des arts martiaux lorsqu'il prône la sérénité y compris dans le combat. Mon expérience personnelle du combat m'a convaincu, au contraire, qu'afin de vaincre un adversaire ivre de rage et de haine, toute tentative visant à lutter contre les émotions et le stress produit par la situation est contreproductive. La solution n'est pas de contrecarrer la rage que l'on peut ressentir ou les effets de l'adrénaline parce que les uns et les autres peuvent avoir des effets perturbateurs, mais d'en faire des instruments permettant d'accroître la force physique, l'acuité perceptive et la détermination de parvenir le plus rapidement à l'issue la plus favorable. La solution est de s'approprier ses propres émotions et les effets du stress, et non de chercher à les éradiquer. Cette appropriation n'a rien de facile ou spontané. Elle doit être préparée par un travail qui devrait constituer une dimension importante du processus d'apprentissage des arts martiaux. Ce qui suppose notamment de parvenir à créer des situations d'entraînement où les effets perturbateurs de la peur, de la colère et du stress peuvent entrer en jeu et non de chercher le maximum de sérénité dans l'entraînement.

La conception traditionnelle de la sérénité pendant le combat est associée à l'idée taoïste de « non-agir » (*wu wei*) ou « d'agir par le non-agir ». Dans le *Tchouan Tseu*, l'idéal du « non-agir » trouve de nombreuses illustrations, dont certaines évoquent le coq de combat. D'un côté, on trouve une critique de ceux qui, querelleurs, agressifs et intimidateurs, ressemblent à des coqs de combat et qui, comme lui, se condamnent à une mort prématurée[1]. D'un autre côté, on lit que le meilleur coq de combat serait celui qui ne serait pas querelleur, qui ne compterait plus sur sa propre force, et qui serait libéré de toute émotion et désir de combattre[2]. L'ambivalence des images associées au combat animal se retrouve dans le discours traditionnel des arts martiaux chinois. D'un côté, ces derniers s'enorgueillissent de cultiver des manières de combattre comme des humains et non comme des animaux. L'animal symbolise alors les impulsions instinctives et les émotions déréglées qui risquent toujours de nous submerger et de nous conduire sur une voie qui n'est pas digne d'un humain. Les situations d'agression et de violence

1. Tchouang-Tseu, *Œuvre complète*, Paris, Gallimard, 2011, chap. xxx.
2. *Ibid.*, chap. xix.

comptent manifestement parmi les situations où ce risque est le plus grand. D'un autre côté, les arts martiaux chinois contiennent de nombreux styles « zoomorphes », censés avoir été inspirés par l'observation des techniques de combats du tigre, du serpent, du singe, de l'aigle, de la grue ou encore de la mante religieuse. Ici, les animaux ne symbolisent plus les impulsions instinctives et les émotions déréglées, mais un idéal de simplicité, d'efficacité et d'intégration des mouvements dans le combat. Le combat animal fournit le modèle du combat naturel en écho avec le thème taoïste voulant que l'art le plus efficace soit celui qui imite la nature en retrouvant la simplicité et l'efficacité naturelle. C'est précisément ce que signifie le « non-agir » dans le combat : chercher l'efficacité dans la simplicité et la coordination au lieu de forcer sa nature et s'employer à surmonter la force de l'autre ; chercher à s'adapter aux forces et aux faiblesses de l'adversaire plutôt qu'à briser toute résistance. Rien de tout cela n'est incompatible avec le projet d'une utilisation de ses émotions ainsi que des effets physiologiques et psychologiques du stress dans le combat. D'ailleurs, l'adrénaline n'est-elle pas un facteur qui intervient dans ces combats animaux qui définissent l'idéal d'intégration des mouvements dans la simplicité et l'efficacité dont se nourrissent les arts martiaux chinois? L'idée de non-agir, tout autant que les formules qui s'en inspirent, peut être interprétée de différentes manières. L'enjeu est bien de donner un sens approprié aux situations spécifiques où peuvent s'appliquer ces formules.

J'ai avancé l'idée, somme toute banale, que les approches physiologiques, psychologiques et sociologiques peuvent servir d'instrument pour améliorer notre compréhension de ce qui est en jeu dans la pratique des arts martiaux, et qu'à cette fin, ces approches doivent se compléter les unes les autres. Ce travail intellectuel spécifique, consistant à effectuer la synthèse de différentes approches complémentaires, peut être appelé philosophique puisque la philosophie est parfois définie comme une forme de traduction et de totalisation des différentes sciences ainsi que des sciences avec le savoir commun. Mais la philosophie peut également être définie comme une discipline spécifique disposant de méthodes et d'objectifs propres et produisant un savoir de type particulier qu'on a parfois cherché à appliquer aux arts martiaux. Quand des chercheurs se réclamant de cette conception de la philosophie, et plus précisément des formes « occidentales » de la pratique philosophique, s'intéressent aux arts martiaux, c'est le plus souvent par l'intermédiaire de la question du corps[1].

Que les arts martiaux aient perfectionné des techniques du corps qui correspondent mal aux différentes manières dont l'histoire de la philosophie et le sens commun ont pu définir le corps, c'est ce que ces philosophes sont parvenus à montrer de façon très convaincante. Néanmoins, du point de vue du type de philosophie des arts martiaux que je cherche à défendre, ce type de démarche présente plusieurs défauts. Premièrement, en se concentrant seulement sur la question du corps, ces philosophes ont tendance à passer sous silence plusieurs aspects de la pratique des arts martiaux dont les enjeux philosophiques sont tout aussi importants, comme ceux qui concernent les transformations du rapport à l'environnement (et non pas seulement du corps), et la nature du processus d'apprentissage qui vise à préparer à des interactions efficaces avec des situations violentes. Je reviendrai longuement sur ces questions dans le troisième et le quatrième chapitre.

---

1. On trouve une illustration de ce type d'approche chez R. Shusterman, *Conscience du corps. Pour une soma-esthétique*, Paris, Éditions de L'éclat, 2007 et B. Doganis, *Pensées sur le corps. La philosophie à l'épreuve des arts gestuels japonais (danse, théâtre, arts martiaux)*, Paris, Les Belles Lettres, 2012.

Un deuxième défaut de ce genre d'approche philosophique tient au fait qu'elle tend à adopter une perspective indifférenciée sur les arts martiaux, en rapprochant par exemple des pratiques internes (comme le Chi Gong), des arts martiaux internes (comme le Tai Chi) et des arts martiaux externes (comme le Kung Fu ou le Karaté). Il est vrai que ces rapprochements ne sont pas totalement illégitimes. Il n'est pas contestable que les arts martiaux asiatiques peuvent être rapprochés d'autres techniques du corps asiatiques en ce qu'ils impliquent tous un rapport au corps qui est assez peu compatible avec ce que les philosophies occidentales ont généralement entendu par corps. Il n'en reste pas moins que le type de transformation corporelle qui est visé par les arts martiaux se distingue sur des points cruciaux de celui qui est visé par exemple par le Chi Gong ou la médiation Zazen. Ce qui distingue notamment les arts martiaux de ces pratiques du corps, c'est que le perfectionnement du savoir corporel ainsi que la maîtrise de la respiration et de la mobilisation musculaire y est indissociable d'une transformation des interactions avec l'environnement matériel et avec d'autres corps humains : les déplacements, les coups et les saisies, ainsi que les différentes manières de parer ou dévier ces coups ou saisies, doivent être intégrés dans le schéma corporel. Cette spécificité engage des manières différentes d'apprendre, de travailler et d'agir, en un mot, des conceptions différentes du corps en action.

Au sein des arts martiaux également, des distinctions sont requises, même si elles ne sont pas absolues. Il n'y a presque rien en commun, par exemple, entre le processus d'apprentissage du Tai Chi Chuan (sous ses formes contemporaines) et celui du Wing Chun. Et de même que les différences entre les arts martiaux internes et externes sont grandes, de même, les pratiques et les fins visées parmi les arts martiaux externes peuvent varier du tout au tout. Certains arts martiaux sont effectivement pratiqués comme de simples pratiques rituelles[1], sans véritable visée martiale, et parfois comme de simples sports de combats. Je considère personnellement qu'il s'agit de dévoiements car la finalité qui donne sa logique spécifique aux arts martiaux est celle de la préparation au combat réel. Quoi qu'il en soit, on ne peut parler d'art martial ou de philosophie des arts martiaux sans spécification, et l'objectif d'une philosophie des arts martiaux devrait être de rendre compte de ce qu'il y a de spécifique en eux. Il est bien possible que toutes ces pratiques corporelles soient dotées d'un même degré d'exotisme pour un philosophe professionnel et que cela conduise à les rapprocher les unes des autres, mais il est difficile d'admettre qu'elles engagent une même conception du corps, de l'action, du travail ou de l'apprentissage.

Pour conclure ces remarques concernant les livres des universitaires ou autres spécialistes de telle ou telle science humaine, je dirais qu'ils restent généralement trop extérieurs aux arts martiaux et, même si cela peut sembler paradoxal, trop généraux et trop particuliers à la fois. Ils restent trop extérieurs parce que leurs auteurs appliquent le plus souvent des programmes de recherche qui n'ont été pas élaborés à partir d'une analyse de la pratique des arts martiaux et de l'expérience de leur apprentissage ou de leur enseignement[2]. En définitive, des théories toutes faites sont plaquées de l'extérieur sur les arts martiaux alors que, contrairement aux théories bouddhistes, taoïstes ou confucéennes, elles n'ont joué aucun rôle dans

---

1. Il s'agit alors seulement d'exécuter convenablement des enchaînements codifiés dans un cadre codifié (rituels de salutation, uniformes etc.).

2. Toute généralisation admet des exceptions. Nous n'avons parlé que de sociologie, de physiologie, de psychologie et de philosophie, la situation est différente lorsque l'anthropologie des arts martiaux se fonde sur une longue pratique, et une prise au sérieux du discours des pratiquants. Pour une illustration de cette orientation, voir les études réunies dans O. Bernard (dir.), *L'arrière-scène du monde des arts martiaux*, Presses de l'université de Laval, 2014.

leur développement. Les écrits des universitaires sur les arts martiaux restent donc trop extérieurs parce que les théories ont été élaborées indépendamment et qu'ils sont en définitive réduits à des prétextes, mais aussi parce que l'expérience et la compréhension des arts martiaux reste généralement superficielle. À quelques exceptions près, les auteurs des livres ou articles sur la question se sentent autorisés à en parler après un ou deux ans de pratique au mieux. Au regard des normes définissant ce qui relève d'une observation participante sérieuse en sociologie ou en anthropologie, c'est peut-être assez. Mais au regard de la longueur et de la difficulté du processus d'apprentissage, et des transformations de la compréhension qui l'accompagnent, c'est ridiculement peu[1]. Ces livres et articles restent également trop généraux lorsqu'ils confondent sports de combat et arts martiaux, arts martiaux internes et externes. Et ils restent trop particuliers parce que leurs auteurs n'ont généralement pratiqué qu'un seul art martial, et qu'ils résistent rarement aux généralisations hâtives et abusives. Une philosophie des arts martiaux devrait au contraire, à mon avis, partir d'une longue expérience de l'apprentissage et de l'enseignement d'un art martial particulier. Elle devrait chercher à comprendre les spécificités de cet art martial en s'appuyant sur une connaissance pratique d'autres arts martiaux. Elle devrait chercher à expliciter les implications spécifiques de cet art martial en s'appuyant sur différents outils théoriques puisés dans les sciences humaines et la philosophie. Il en résulte notamment qu'il ne peut pas y avoir de philosophie

---

1. Dans un article classique censé fournir une illustration de la démarche ethnométhodologique en déchiffrant le sens des interactions constitutives du processus d'apprentissage du Kung Fu, George D. Girton explique qu'il a pratiqué deux ans… George D. Girton, « Kung Fu : toward a praxiological hermeneutic of the martial arts », *in* H. Garfinkel (ed.), *Ethnomethodological Studies of Work*, Oxford, Routledge and Kegan Paul, 1986, p. 60-91. Rien dans l'article n'indique d'ailleurs qu'il ait pratiqué autrement qu'en touriste.

des arts martiaux en général, et c'est pourquoi c'est du Wing Chun tout particulièrement, mais non exclusivement, qu'il est question dans ce livre.

les manuels et la théorie interne à l'art

La dernière catégorie d'écrits portant sur les arts martiaux concerne les manuels écrits par le spécialiste d'un art martial particulier (par exemple le « grand maître » d'un style de Kung Fu). En ce qui concerne le Wing Chun, on peut mentionner les livres de Leung Ting, et tout particulièrement son *Wing Tsun Kuen. A Thorough Research into The Theory of Kung-Fu*[1]. Ces manuels formulent généralement des indications pratiques relatives aux postures, aux mouvements et aux techniques. Ils les illustrent au moyen de croquis ou de photographies, et proposent des explications de ces instructions et de ces descriptions qui mobilisent des principes généraux pouvant être internes à l'art aussi bien qu'empruntés aux philosophies orientales. Ils développent des formes de théorisation qui s'opposent à celles que je viens de critiquer en ce qu'elles sont, au moins partiellement, internes à un art en particulier. Contrairement aux écrits qui partent des philosophies orientales ou de l'état du savoir dans telle ou telle discipline académique, la théorie est ici élaborée par les pratiquants et elle n'a d'autre fonction que de guider la pratique. Du point de vue des chercheurs en sciences sociales ou en philosophie, de leur conception et de leur pratique de la théorie, il y a quelque chose de très exotique dans ce type de théorisation, et il n'est pas étonnant que ces chercheurs puissent éprouver des difficultés à le prendre au sérieux. Ainsi, on a pu soutenir que la théorie, entendue en ce sens, ne joue qu'un rôle

1. Leung Ting, *Wing Tsun Kuen. A Thorough Research into The Theory of Kung-Fu*, Hong Kong, Wing Tsun Martial-Art Association, 2000.

ornemental dans le processus d'apprentissage du Kung Fu, et qu'elle ne constitue qu'une sorte de tribut payé à la tradition ainsi qu'une manière de déclarer que ce que l'on est en train de faire est une activité qui est traditionnellement associée à des discours d'allure théorique[1]. J'ai déjà dit pourquoi je suis en désaccord avec cette opinion. D'une part, toute croyance portant sur ce que nous faisons, et toute explication de ce que nous faisons, produira des effets sur la manière dont nous le faisons. D'autre part, en raison de la difficulté à comprendre et à décrire ce que nous sommes en train de faire dans le processus d'apprentissage d'un art martial, un besoin spécifique de théorie émerge de la pratique. Le fait que ce qu'on appelle théorie dans le monde des arts martiaux ne ressemble pas à ce qu'on appelle théorie dans le monde universitaire ne prouve ni qu'il ne s'agit pas de théorie, ni que ces théories internes ne produisent pas des effets importants sur le processus d'apprentissage, ni qu'elles n'en sont pas des parties constituantes, ni qu'elles sont dénuées de valeur théorique. Pour lutter contre les jugements spontanément péjoratifs dont font l'objet les théorisations internes aux arts martiaux dans les mondes académiques, on pourrait d'ailleurs rappeler que la philosophie a souvent érigé l'idée de théorie immanente à la pratique ou à l'expérience en idéal de ce que la théorie devrait être, par opposition aux théorisations condamnées à l'unilatéralité par leur extériorité à leur objet. Comment une théorie des arts martiaux pourrait-elle rendre compte des spécificités et des complexités de son objet sans prendre en considération les théorisations internes aux arts martiaux ?

Traditionnellement, ces théories sont formulées par l'intermédiaire d'images, de métaphores, de devises et de formules.

---

1. C'est ce qu'affirme George D. Girton dans son article déjà cité, « Kung Fu : toward a praxiological hermeneutic of the martial arts ».

« Quand les bras bougent, le corps ne bouge pas, quand le corps bouge, les bras ne bougent pas », est une instruction du Wing Chun exprimée sous forme de devise. « Être comme l'eau » est une instruction d'un type plus général, popularisée par Bruce Lee, exprimée par l'intermédiaire d'une métaphore. Cette manière de formuler les instructions ne pose pas de problème aussi longtemps qu'elle est associée à des traductions en termes assez précis et compréhensibles pour que les instructions puissent remplir leur fonction. Cette manière d'orienter la pratique par l'intermédiaire de devise et de métaphore est parfaitement adaptée à un contexte culturel où c'est aux proverbes et aux maximes édifiantes qu'on se réfère pour régler la question de la conduite de la vie; tel n'est plus le cas dans la plupart des contextes culturels de l'enseignement des arts martiaux. Le taoïsme, tout particulièrement, a donné une très grande importance aux métaphores et aux sentences pour définir ce en quoi consistent les conduites adaptées aux différents contextes. Cette manière d'aider à résoudre les problèmes que nous rencontrons dans la conduite de nos existences ne satisfait plus les exigences rationnelles qui imprègnent la culture moderne. On attend des principes généraux ayant pour fonction de nous aider pratiquement qu'ils soient exprimés sous une autre forme. Il est vrai que dans l'enseignement des arts martiaux, on s'aperçoit parfois que des élèves comprennent mieux une instruction ou une explication lorsqu'elle est accompagnée d'images. Mais il y a toujours un risque de mauvaise interprétation quand un principe est formulé sous une forme seulement imagée. Le problème ne tient pas à l'usage d'images et de devises, mais au fait que les instructions ne soient formulées que sous cette forme.

Prenons l'exemple de la devise selon laquelle « Quand les bras bougent, le corps ne bouge pas, quand le corps bouge, les bras ne bougent pas ». Elle signifie que quand votre poing se dirige vers l'adversaire dans un mouvement de frappe, et que votre bras rencontre la force opposée d'un bras de l'adversaire, votre bras va tout d'abord être dévié (au cours de cette première séquence, le bras bouge et le corps non), avant d'attendre un point d'équilibre des forces qu'il s'agira ensuite de conserver (le bras cessera de bouger). Si une force supplémentaire s'exerce sur votre bras, elle sera absorbée par un mouvement de rotation de votre corps (au cours de cette deuxième séquence, le corps bouge et le bras ne bouge pas). Si ensuite, l'adversaire cesse d'exercer cette force sur votre bras qui n'a pas cessé de pousser vers lui lorsqu'il y avait équilibre des forces, alors, votre main poursuivra son trajet vers sa cible (au cours de cette troisième séquence le bras bouge et le corps non). Cette devise ne signifie pas qu'il faudrait commencer par se déplacer avant de frapper, ou par frapper avant de se déplacer. Ces deux dernières interprétations conduiraient à des manières très inefficaces de combattre ! Elles sont pourtant celles qui viennent spontanément à l'esprit lorsqu'on entend énoncer cette devise pour la première fois.

La métaphore de l'eau est toute aussi sujette à contresens. Elle n'invite pas à être aussi passif ou relâché que possible, alors que l'image de l'eau évoque l'idée du laisser-aller. L'image de l'eau se réfère en l'occurrence à la capacité du courant à poursuivre son cours vers l'aval quels que soient les obstacles rencontrés en déviant sans cesse sa trajectoire en fonction des obstacles plutôt qu'en cherchant à surmonter la résistance exercée par ces obstacles. L'invitation à « être comme l'eau » renvoie en fait à deux des principes les plus spécifiques et les plus fondamentaux du Wing Chun : d'une part, on ne cherche ni à parer, ni à esquiver les coups, mais à les dévier, de sorte que la force de déviation exercée par un bras ou une jambe s'exerce dans la même direction que celle de l'autre bras ou de la jambe qui frappe ; d'autre part, on ne cherche jamais à surmonter une force qui s'oppose à notre mouvement vers l'avant en exerçant une force supérieure, mais on réoriente cette force ou notre propre mouvement de telle sorte que notre mouvement vers l'avant puisse continuer sous une forme modifiée[1]. Tout cela implique autre chose que la passivité et le relâchement. Il faut exercer une force musculaire pour produire la poussée vers l'avant qui permettra de dévier les coups de l'adversaire ou de réorienter ses tentatives de parer les nôtres, et pour que notre corps se soit pas déstructuré par ce jeu des forces. L'invitation à « être comme de l'eau » est d'autant plus égarante qu'elle semble s'adresser à la personne dans sa globalité : on invite à être d'une certaine manière ! Comme si l'on pouvait décider d'être comme ceci ou cela, en l'occurrence, comme de l'eau. C'est seulement par l'intermédiaire d'exercices très précis et progressifs que nous pouvons en fait parvenir à implanter différents automatismes corporels et compétences martiales qui produiront sur des adversaires ou des observateurs le sentiment que nous sommes comme de l'eau ; or, ni dans ces exercices, ni dans la mise en œuvre de ces compétences, le sentiment d'être comme de l'eau ne joue un rôle.

Les images et les devises doivent toujours faire l'objet de traductions rationnelles pour ne pas engager les élèves et les instructeurs sur de fausses pistes. Ce que j'entends par traductions rationnelles, ce n'est pas seulement l'explicitation des mouvements et des objectifs qui sont associés aux instructions, mais aussi leur description en termes géométriques, physiques et biomécaniques. Que signifie « emprunter la force de l'adversaire pour l'utiliser dans une contre-attaque », comme y invite une autre devise du Wing Chun ? Cela doit être expliqué en termes physiques (quel type d'orientation et de déviation des forces cela implique-t-il ?), biomécaniques (quelle est la contribution

---

1. Pour rendre plus concret ce qui vient d'être dit de ces deux exemples, on pourra suivre ce lien : https://www.youtube.com/watch?v=PebWq4YzKuQ

des rotations et mouvements des pieds, des genoux, du bassin, des bras... ?) et géométriques (quels sont les angles et les axes de rotation pertinents). Tout porte à croire que les devises et les métaphores produiront des effets plus efficaces dans le processus d'apprentissage si elles sont accompagnées de telles traductions rationnelles en termes géométriques, physiques et biomécaniques. Dans mon propre enseignement, je donne une grande importance à ces traductions. Je cherche à montrer à mes élèves que la seule manière pour eux de participer activement et efficacement à leur processus d'apprentissage est de s'efforcer de réfléchir à ce qu'ils font et au sens des principes du Wing Chun en termes géométriques, physiques et biomécaniques, aussi bien qu'en termes d'efficacité en situation d'autodéfense. Mon but est que mes élèves disposent de méthodes intellectuelles leur permettant de critiquer leur propre pratique pour l'améliorer, et en outre d'être en mesure d'adopter une perspective critique sur l'enseignement qui leur est dispensé. Ils doivent être capables de comprendre pourquoi ils exécutent tel ou tel mouvement ou telle ou telle technique de telle ou telle façon, et si quelque chose leur semble incompréhensible, ils doivent être capables de poser des questions ou d'émettre des objections.

À la question « pourquoi exécuter telle ou telle technique de telle ou telle façon », il y a en définitive deux types de réponse possible. La première consiste à se référer aux principes du style et aux conditions géométriques, physiques et biomécaniques dans lesquelles ils peuvent être mis en pratique. La seconde consiste à se demander quels seraient les effets pratiques, en situation de combat réel, de telle ou telle manière d'exécuter telle ou telle technique. C'est l'autodéfense, plus précisément les situations artificielles d'autodéfense que l'on peut récréer lors de l'entraînement, qui constitue alors le terrain d'expérimentation. Que ce soit à partir des principes ou de la mise en pratique, on peut réfuter et chercher à améliorer. Lors de mes séminaires, je répète à mes élèves que s'ils peuvent me montrer que la manière d'exécuter une technique que je préconise est moins conforme aux principes du Wing Chun qu'une autre, ou qu'elle est moins logique en termes géométriques, physiques ou biomécaniques, ou moins efficace qu'une autre, je devrais changer l'enseignement de cette technique. C'est en ce sens que je revendique une approche scientifique du Wing Chun, au sens d'une méthode de justification rationnelle et d'expérimentation. Cette revendication est tournée contre les superstitions, la crédulité et les effets d'intimidation intellectuelle qui sont trop répandus à mon goût dans le milieu des arts martiaux. Mon objectif est d'y substituer une méthode de traduction rationnelle de ce qui est livré par la tradition, et d'inviter à la réflexion critique et à l'expérimentation plutôt qu'à la répétition inintelligente.

J'ai dit que les théories développées à l'intérieur des arts martiaux ne comportent pas les défauts caractéristiques des approches sociologiques, psychologiques ou philosophiques. Cela ne signifie pas qu'elles sont intrinsèquement supérieures. On leur reproche souvent leur manque de réflexivité et de généralité. Ce reproche est partiellement justifié. Le but de ces théories est de présenter une vue d'ensemble d'un art martial particulier, mais cette vue d'ensemble est rarement justifiée par une analyse critique des différentes traditions qui se réclament de cet art martial, et plus rarement encore par une confrontation avec les autres discours qui sont susceptibles de prendre les pratiques martiales pour objet. Par ailleurs, ces vues d'ensemble ont tendance à attribuer une supériorité à l'art martial qu'elles prennent pour objet, sans prendre la peine d'entrer dans de véritables confrontations avec d'autres arts martiaux ou avec des pratiques sportives comparables. Manquant de généralité et de réflexivité, elles ne remplissent pas vraiment les critères de ce que devrait être une théorie. C'est pourquoi elles sont rarement prises au sérieux en dehors du monde des arts martiaux, et le plus souvent moquées. Les reproches qui leur sont adressés sont légitimes au sens où il s'agit là de défauts fréquents, mais il n'en résulte pas pour autant que toute théorie interne à un art martial est condamnée au manque de généralité et de réflexivité. Plus généralement, le mépris pour ces théories provient trop souvent de la postulation que les productions académiques fournissent le modèle de ce qu'une théorie doit être, alors qu'il existe des manières très différentes de théoriser et que la valeur de ces théories internes devrait être mesurée à l'aune de critères spécifiques.

Contrairement aux théories élaborées par les sciences humaines et sociales, qui ont pour fonction de produire un gain de connaissance dont le lien avec la pratique est indéterminé, ces théories sont indissociables des pratiques dont elles émergent, sur lesquelles elles portent et qu'elles ont pour fonction d'orienter. Il s'agit de théories pratiques au sens où elles sont étroitement liées à des pratiques et au sens où leur valeur dépend de leur capacité à améliorer ces pratiques. Or, rien n'interdit que de telles théories pratiques, internes à des arts martiaux particuliers, comportent des démarches réflexives et critiques, ainsi que des comparaisons avec d'autres arts martiaux ou avec des pratiques sportives. Développer un type de théorisation interne qui ne manque ni de généralité ni de réflexivité est l'un des objectifs de ce livre. J'ai déjà suggéré qu'une telle démarche parvient mieux que d'autres à améliorer le processus d'apprentissage, ce qui implique qu'elle est adaptée aux objectifs de ces théories. En d'autres termes, si la forme traditionnelle des théories internes aux arts martiaux tombe légitimement sous la critique du manque de généralité et de réflexivité, cela ne permet pas de rejeter globalement ce style de théorisation. Au contraire, on peut penser qu'en tant que théorie pratique, il peut remplir des fonctions qu'aucun autre style de théorie ne peut remplir.

L'une des caractéristiques des instructions exposées dans les manuels d'arts martiaux particuliers tient au fait qu'elles peuvent difficilement être comprises en dehors du cercle relativement étroit de ses pratiquants. De même, la pertinence des théories qui y sont exposées ne peut vraiment être mesurée que dans ce cercle. Tout cela confère une dimension ésotérique à ces manuels : ils sont ésotériques au sens où ils ne sont pas compréhensibles et appréciables par tous. À cela s'ajoutent bien souvent d'autres dimensions ésotériques : celle de l'abstraction des principes philosophiques, celle de l'obscurité des images, des métaphores ou des devises, celle du caractère partiel des explications... Il est possible de lutter contre certaines de ces dimensions ésotériques, non contre celle qui ne dépend ni du contenu ni la forme d'exposition des théories internes aux arts, mais du simple fait qu'elles sont liées à des pratiques qui restent très largement minoritaires. La compréhension du sens d'une instruction, ou de la portée d'un principe, dépend d'une compréhension pratique, à savoir des savoir-faire qui ont déjà été incorporés par l'auditeur ou le lecteur. En l'occurrence, le pratiquant d'un art martial sera le seul lecteur qui pourra véritablement comprendre les manuels d'arts martiaux. Il s'agit là d'un problème général qui ne concerne pas seulement le rapport des théories internes à ceux auxquels elles sont destinées, mais la nature de la compréhension de tout énoncé (norme, règle ou consigne ou conseil) appelant une mise en pratique. Dans la pratique des arts martiaux, affronter ce problème est également l'un des défis à relever par l'enseignement. À chacun de ses niveaux, l'instructeur doit donner des consignes et des conseils dont la compréhension intellectuelle doit pouvoir s'appuyer sur une compréhension pratique acquise lors des étapes antérieures du processus d'apprentissage. J'ai déjà remarqué que cela peut donner aux élèves l'impression que leur instructeur leur cache des choses. Les théories internes aux arts martiaux en viennent alors à acquérir une dimension ésotérique d'une nature encore différente de celles que je viens de mentionner : elles apparaissent comme des théories partiellement cachées à la plupart des pratiquants. Il est vrai que la compréhension se modifie avec la pratique, et que de ce fait la théorie se déploie également par la pratique, mais cela n'est pas une raison de refuser d'apporter une réponse rationnelle à un pratiquant qui s'interroge sur le sens général de ce qu'il est en train d'apprendre, ou sur le sens général des techniques qui seront enseignées à des niveaux supérieurs. Ce principe général peut être mis en œuvre dans les manuels également.

la philosophie comme sagesse ?

Jusqu'à présent, j'ai présenté la philosophie des arts martiaux comme un instrument permettant de guider la pratique des arts martiaux et de critiquer les croyances et les discours qui les entourent. Il est difficilement contestable que la philosophie est une méthode argumentative et une rhétorique destinées à promouvoir des approches rationnelles et critiques de nos croyances et de nos savoirs. Cependant, la philosophie ne se réduit pas à cela. Elle est également porteuse du projet de donner du sens à notre existence par la connaissance. Il y a beaucoup à dire de la philosophie des arts martiaux sous ce rapport également. De nouveau, on peut repartir de la vision du monde et des sagesses bouddhistes et taoïstes et examiner quelle empreinte elles ont laissée dans les arts martiaux. C'est la voie traditionnelle. Mais il est également possible de se demander quels sont les fonctions et les usages de la philosophie dans les arts martiaux lorsque cette dernière est entendue comme une conception du monde et une sagesse. Pour s'engager dans cette seconde voie, on peut commencer par analyser les motivations de ceux qui pratiquent les arts martiaux.

J'ai déjà mentionné le fait que les arts martiaux produisent une sorte de fascination qui est une puissante source de motivation pour s'engager dans l'apprentissage et en supporter les difficultés. Cette fascination est liée au fait que la maîtrise d'un art martial semble impliquer une sorte de perfection. D'une certaine manière, les pratiquants d'art martiaux sont à la recherche d'une perfection incarnée dans des pratiques. Les arts martiaux ne cherchent pas seulement à produire des effets efficaces dans les situations de combat mais aussi à développer des pratiques conformes à leurs critères internes d'excellence jusque dans le détail de leur déroulement, des pratiques en totale harmonie avec les principes qui les gouvernent. On peut donc considérer qu'ils sont des arts non pas seulement aux sens des arts utilitaires, mais aussi des beaux-arts. Il me semble raisonnable de penser que si des individus sont prêts à dépenser autant de temps et d'efforts dans le processus d'apprentissage d'un art martial, c'est parce qu'ils veulent introduire une part de perfection dans leurs existences, ou en d'autres termes, parce qu'ils veulent devenir meilleurs en transformant une partie de leur existence en une œuvre d'art (je reviendrai dans le quatrième chapitre sur le sens qu'il faut donner à art et œuvre d'art dans ce contexte).

Introduire de la perfection dans l'existence ne peut signifier seulement accéder à une maîtrise parfaite de techniques de combat. Les êtres humains ne peuvent se réduire à des corps combattants, ils sont également des animaux sociaux et politiques vivant également par l'imagination et la pensée. Or nous avons vu que le processus d'apprentissage des arts martiaux tendait à produire non pas seulement des projections imaginaires mais aussi un désir de connaissance et des efforts théoriques, et on peut constater que les arts martiaux ont également été associés à l'idée d'une recherche d'une sorte de perfection dans ce domaine également, une recherche nommée philosophie. C'est sans doute l'une des significations de la devise traditionnelle affirmant qu'« on ne peut pas être un grand maître dans un art martial sans être un grand maître dans la vie ». La recherche de perfection dans la pratique ne va pas sans une recherche intellectuelle dont on peut espérer qu'elle affectera d'autres dimensions de l'existence que celles qui concernent directement les arts martiaux.

Sur ce point également, on peut se laisser abuser. La philosophie entendue au sens de la recherche de sagesse peut en effet faire l'objet d'instrumentalisation de la part des instructeurs. Parmi ceux qui sont à la recherche de perfection, un bon nombre d'élèves recherchent des modèles et tendent à faire de leurs instructeurs des modèles. Aux yeux des élèves, l'instructeur passe presque spontanément pour un modèle en raison de la difficulté et la longueur du processus d'apprentissage et parce que chaque étape à franchir semble tout d'abord insurmontable. Mais les instructeurs sont eux aussi le plus souvent conscients des étapes qu'il leur reste à franchir et de leurs limites. Pour justifier leur autorité sur leurs élèves, ils peuvent être tentés de mettre en scène non pas seulement leur supériorité martiale, mais aussi celle de leur savoir. Dans l'imaginaire social, être philosophe signifie avoir acquis une forme de sagesse et de supériorité éthique ! Par ailleurs, les concepts et les thèses philosophiques sont souvent intimidantes, d'autant plus si elles sont exprimées au moyen d'images et de métaphores. Tout cela explique que des instructeurs puissent utiliser la philosophie comme un moyen de protection psychologique et comme un marqueur de prestige social. Cela nous renvoie à la question des processus psychologiques et sociaux qui sont à l'œuvre dans la pratique des arts martiaux. Bien souvent, on y consacre sa vie parce qu'on souffre d'une insécurité psychologique et qu'on espère qu'ils nous permettront de la surmonter. Les arts martiaux ne sont-ils pas associés à la toute-puissance et à l'invincibilité dans l'imaginaire social ? Ceux des pratiquants motivés par ce type de disposition psychologique qui deviennent instructeurs (ce qui n'est pas rare lorsque cette disposition les conduit à consacrer leur vie à l'art martial) pourront être tentés de maintenir leurs élèves dans un état d'insécurité psychologique et refuser toute discussion critique. Ils seront tentés d'utiliser la philosophie comme un moyen d'intimidation et de protection. On peut également consacrer sa vie aux arts martiaux en y cherchant une forme de compensation ou de revanche sociale, à la suite d'expériences sociales ou professionnelles non gratifiantes. On peut en venir à faire des arts martiaux le centre de sa vie parce qu'on n'espère plus vraiment trouver ailleurs une reconnaissance sociale. De telles motivations pourront conduire à instrumentaliser le discours ou les postures philosophiques en raison du prestige social qui leur est associé. J'ai personnellement trop souvent rencontré ces motivations psychologiques et sociales, ainsi que les formes d'instrumentalisation de la philosophie qui en résultent, dans l'organisation où j'ai appris le Wing Chun.

Les arts martiaux ont une double dimension : une dimension réaliste liée au combat, et une dimension idéale liée à la recherche de perfection. La dimension réaliste est ce qui doit prédominer dans la pratique. Il est vain de croire que l'on pourrait maîtriser un art martial sans entraînement régulier et exigeant, sans travail physique, sans répétition de techniques et d'enchaînements destinés à incorporer des savoir-faire complexes, sans condition-nement affectif passant notamment par la simulation de situa-tions stressantes, violentes et imprévues. Je reviendrai sur cette dimension réaliste mais je tiens à souligner dès maintenant qu'il y a un côté sombre du processus d'apprentissage d'un art martial orienté vers l'autodéfense. La sueur, la douleur, la peur et la déception sont inévitables, et l'une des dimensions du travail est de chercher à dépasser ses limites physiques et psychologiques. Si cette dimension du processus d'apprentissage est prise au sérieux, l'entraînement devient aussi exigeant que celui d'un sportif de haut niveau. Très souvent, dans le monde des arts martiaux, on cherche à dissimuler ce côté sombre derrière le côté lumineux de la sagesse et de la philosophie, pour rendre la pratique plus séduisante et gratifiante. Parmi les soi-disant « maîtres », certains réduisent les arts martiaux à une sorte de philosophie appliquée, en les présentant comme une mise en pratique de belles idées philosophiques. D'un point de vue commercial, les bénéfices sont évidents : plus l'entraînement sera facile et séduisant, plus nombreux pourront être les élèves, et plus grande la somme encaissée ! Cela relève tout bonnement de l'escroquerie. Aucun art ne peut être approprié sans effort, aucun art martial ne peut être maîtrisé sans le difficile travail consistant à transformer son corps et ses habitudes, et à explorer les différentes dimensions déplaisantes de la réalité d'une situation de conflit à mains nues ou avec armes. Dans cette escroquerie, les élèves sont doublement perdants. D'une part, ils sont trompés : ce n'est qu'en apparence qu'on leur apprend un art martial. D'autre part, ils sont mis en danger : si jamais ils en viennent à croire qu'ils apprennent un art martial, et qu'il leur vient l'idée d'utiliser ce qu'ils croient avoir appris dans une situation de violence réelle, ils risquent de le payer cher.

Inversement, il me semble important de souligner que les arts martiaux ne se réduisent pas à un ensemble de techniques de combat et qu'ils ont également une dimension idéale. La plupart des pratiquants le savent ; c'est la raison pour laquelle la philosophie des arts martiaux se voit souvent accordée une place dans le processus d'apprentissage. Mais le plus souvent, les instructeurs ne savent pas comment présenter cette dimension idéale et ils éprouvent des difficultés à la relier à la réalité sombre de l'entraînement. Ne sachant pas comment faire, ils se réfugient derrière les images et les proverbes taoïstes, ou derrière des principes de sagesse orientale, même s'ils sont conscients que cette sagesse est inadaptée à la réalité des grandes villes contemporaines où la plupart des pratiquants vivent. Parce qu'ils ne savent pas comment relier cette dimension idéale à la face sombre de l'entraînement, ils lui réservent parfois une place séparée, en prévoyant des sessions spéciales, ou des réunions de fin d'entraînement. Ainsi, la philosophie devient effectivement ornementale. Elle se détache de la pratique qu'elle devrait avoir pour fonction de réfléchir, de compléter et d'améliorer. C'est ce qui se passait dans l'organisation où j'ai appris le Wing Chun. Sans doute parce qu'il était conscient que la sagesse orientale ne suffisait pas, notre instructeur nous invitait à lire des romans (je me souviens d'un roman de Hermann Hesse) pour préparer des réunions qui consistaient en discussions sans fin ni objet. Quant à lui, il restait silencieux la plupart du temps, ne livrant que de courtes remarques censées exprimer ses vues mais n'aboutissant à aucune thèse claire. Dans mon organisation, au contraire, je demande à mes instructeurs de mettre en relation ce qu'ils ont compris du taoïsme, du bouddhisme ou du confucianisme avec la réalité de l'entraînement, et les moments qui sont consacrés aux discussions théoriques ne sont pas séparés de l'entraînement, mais interviennent au milieu des séminaires.

En d'autres termes, il y a un équilibre à trouver entre les dimensions réalistes et idéales des arts martiaux. Pour atteindre cet équilibre, il faut tout d'abord comprendre que la dimension philosophique des arts martiaux doit rester liée à leur dimension réaliste : l'une et l'autre doivent être conçues comme opposées mais complémentaires et interdépendantes. Pour atteindre cet équilibre, il faut ensuite ne pas surestimer l'importance de la dimension philosophique. Cette dernière ne doit ni être utilisée pour cacher la dimension réaliste de la pratique des arts martiaux, ni se substituer à elle. Inversement, elle ne doit pas être sous-estimée ou considérée comme purement secondaire. La philosophie ne doit pas être réduite à un ornement, mais doit consister en un instrument destiné à mieux comprendre le sens, les enjeux et les implications de la pratique, afin d'améliorer cette pratique.

Telle que je la conçois, la philosophie doit en outre jouer le rôle d'un facteur d'équilibre sur le plan de la conduite de la vie. J'ai déjà souligné que s'engager sérieusement dans le processus d'apprentissage d'un art martial suppose d'y consacrer beaucoup de temps. Cela signifie que le pratiquant passera une bonne partie de son existence dans des contextes sociaux particuliers (salles de sport, entraînements, stages) caractérisés par des types particuliers d'interactions et d'intérêts communs. Plus grand sera l'engagement dans le processus d'apprentissage, plus grand sera également le risque de se trouver absorbé dans ces contextes sociaux et coupé du reste du monde social et du rythme de la vie ordinaire. Si l'engagement est fort, c'est que le pratiquant est motivé par une passion qui peut le conduire à conférer une valeur supérieure à l'entraînement et aux types d'interactions sociales qui y sont liées. Or, toute passion tend à organiser, voire à coloniser, l'ensemble de l'existence. Les pratiquants les plus engagés sont donc exposés au risque d'un déséquilibre entre les différents pans de leur existence, un déséquilibre conduisant à ne plus prendre assez soin de celles des dimensions de leur vie qui restent extérieures à l'art martial, un déséquilibre pouvant se solder par une réduction des possibilités d'existence qui peut s'avérer néfaste.

Par ailleurs, ce déséquilibre tend à développer une vision du monde biaisée. Ceux qui centrent leur existence sur des pratiques liées à la possibilité de l'agression et à la réalité de la violence courent le risque de développer une vision paranoïaque du monde social. Il est vrai qu'il est difficile de déterminer à quel moment la conscience de la possibilité de l'irruption de la violence relève du réalisme ou de la paranoïa. Souvent, les pratiquants de méthodes d'autodéfense ou d'arts martiaux orientés vers l'autodéfense affirment que ce qu'on prend pour une vision paranoïaque du monde social n'en est qu'une vision réaliste, et qu'elle n'apparaît paranoïaque qu'en raison du déni collectif dont la possibilité de la violence fait aujourd'hui l'objet[1]. Il est vrai qu'un tel déni structure la vision ordinaire du monde social : ce dernier deviendrait trop dérangeant pour la plupart des individus s'ils avaient une conscience juste de la possibilité de la violence et de ses formes de manifestation. Une sorte de défense psychique conduit spontanément à occulter ou minimiser la possibilité d'une irruption de la violence pour pouvoir supporter le monde social. Mais il n'en reste pas moins vrai que ceux qui consacrent une bonne partie de leur existence à se préparer à l'agression et à la violence tendent à oublier que dans la plupart des interactions sociales, les individus ordinaires parviennent à prévenir la violence. Ce rapport à la violence participe aux différents processus, déjà mentionnés, qui conduisent à transformer le monde des arts martiaux en un monde imaginaire coupé de la réalité.

---

1. Déni collectif qui ne s'impose pas au même degré dans les sociétés dans lesquelles l'État ne s'est pas encore arrogé le monopole de la violence légitime, dans lesquelles la possibilité de la violence et la nécessité d'avoir à y répondre est une dimension de l'expérience sociale, dans lesquelles il n'y a encore ni discontinuité entre la violence interétatique et la violence interne aux sociétés, ni désapprobation morale de la violence – autant de points développés dans la sociologique historique de Nobert Elias et notamment dans l'article « Sport et violence », *Actes de la recherche en sciences sociales*, vol. 2, n° 6, 1976, p. 2-21.

Il me semble important de souligner que les arts martiaux ne peuvent conserver leur valeur que si l'on n'y réduit pas son existence. Il n'est pas possible de prétendre être un grand maître sans avoir une compréhension globale de son art, or, par compréhension globale, il faut entendre non seulement une connaissance complète et approfondie des différentes techniques et de leurs usages, de l'ensemble du processus d'apprentissage et de ses différents objectifs, mais aussi une compréhension juste du rapport que la pratique de cet art peut entretenir avec la conduite de l'existence. Une vie humaine ne peut jamais se réduire à la pratique d'un art martial et, même lorsque cette pratique occupe la plus grande partie de l'existence, elle ne peut jamais suffire à donner sens et valeur à l'ensemble de cette existence. Cette dernière idée pourra choquer certains pratiquants, ceux qui attendent tout de leur passion. Elle tombe pourtant sous le sens, et elle est exprimée de différentes manières dans le discours traditionnel des arts martiaux, comme par exemple dans la devise : « on ne peut pas être grand maître dans un art martial sans être un grand maître dans la vie ».

Le Kung Fu devrait ouvrir l'esprit et non mettre des œillères. Il faut donc lutter contre les tendances qui peuvent réduire l'existence d'un pratiquant d'arts martiaux à la pratique d'un d'art martial. L'objectif ne peut être seulement de devenir un corps capable de se battre et une intelligence capable de comprendre les meilleures manières de devenir un tel corps. L'objectif doit être également de parvenir à conduire sa vie et à lui donner du sens dans un monde social qui ne se réduise pas à la salle d'entraînement. Je considère qu'il est de ma responsabilité, par l'intermédiaire de mon enseignement, de contribuer à mettre en lien le monde des arts martiaux, où je rencontre mes élèves, et le reste du monde. Je considère que cet objectif a une dimension philosophique dans la mesure où ce qui est en jeu ici est une réponse à la question « qu'est-ce qu'une vie qui mérite d'être vécue ? ». Je ne veux imposer ma réponse à quiconque, mais il me semble que toutes les réponses possibles devraient être compatibles avec l'idée d'un équilibre entre la part de l'existence qui relève des arts martiaux et celle qui n'en relève pas. C'est cela aussi qui me conduit à penser que la recherche d'équilibre est l'un des éléments de la philosophie taoïste qui a le plus d'importance pour les arts martiaux. Cet équilibre peut prendre des formes très différentes. Certains de mes instructeurs et de mes élèves ont de fortes croyances religieuses et il leur arrive d'affirmer que s'entraîner est pour eux comme prier. Des conceptions de type philosophique, au sens d'une conception du monde et d'une sagesse, en viennent à gouverner l'ensemble de leur existence, celle qui relève des arts martiaux et celle qui n'en relève pas. Je n'ai pas d'objection contre ce type d'engagement dans la pratique du Wing Chun tant qu'il reste compatible avec un entraînement sérieux et avec une vie équilibrée. Pour ceux de mes élèves qui travaillent dans la sécurité, l'idée d'un équilibre entre le monde des arts martiaux et les autres dimensions de l'existence aura évidemment une autre signification. Ils y verront sans doute un moyen de lutter contre le sentiment que leur passion risque d'être contaminée par leur vie professionnelle, de se réduire à un instrument au service de leur activité salariée. Je n'ai évidemment rien à dire des choix de vie de mes élèves, mais je peux les inviter à maintenir un équilibre entre le monde des arts martiaux et les autres mondes.

ce que les arts martiaux sont et ce qu'ils ne sont pas

Une série de préjugés et d'obstacles rend difficile la compréhension de la nature, des enjeux et des implications de la pratique des arts martiaux. Cela n'est pas sans effet. Dans la mesure où ils induisent des formes de compréhensions erronées, ces préjugés et ces obstacles peuvent en effet conduire à dévoyer ce processus d'apprentissage, en produisant de fausses pratiques qui semblent confirmer les fausses théories qui leur ont donné naissance. Parmi ces préjugés, on peut compter un chapelet d'idées reçues concernant les spécificités et les bienfaits des arts martiaux. Parmi les obstacles, certains tiennent à des processus psychologiques ou sociaux généraux. D'autres tiennent aux spécificités des motivations des pratiquants et à celles du processus d'apprentissage. Je commencerai par dire un mot des obstacles résultant de processus psychologiques généraux et des idées reçues concernant les vertus psychologiques des arts martiaux.

les arts martiaux peuvent-ils vaincre les problèmes psychologiques ?

Au cours du processus d'apprentissage, le pratiquant est nécessairement confronté à ses limites physiques et très souvent également à ses limites émotionnelles. Il est vain d'espérer ne jamais recevoir de coup, ne jamais alors éprouver de douleur ou avoir à surmonter des émotions comme la colère ou des sentiments de découragement. Comme dans tous les sports, et comme dans tout travail, on est par ailleurs toujours confronté à la possibilité de l'échec qui accroît la pénibilité de l'entraînement et de nouveau exige un travail émotionnel. En outre, le fait que la violence soit l'objet de l'entraînement donne des échos psychologiques amplificateurs à la rencontre de nos limites et au travail sur nous-mêmes face à l'échec. La confrontation à la violence nous met en effet face à certaines de nos vulnérabilités les plus profondes, de même qu'elle nous confronte au fait que nous ne sommes pas certains de toujours pouvoir maîtriser la part d'agressivité que nous portons en nous. La situation d'entraînement n'est pas en elle-même une situation violente, mais l'échec, la douleur ou les émotions peuvent engager des pratiquants dans la spirale d'agressivité qui définit une situation violente. C'est pour conjurer ce risque, toujours présent, que certains arts martiaux en viennent à proscrire tout coup porté, et tout ce qui pourrait ressembler à de la violence ou risquerait de l'engendrer, ou encore, qu'ils présentent le pratiquant accompli comme un sage possédant une maîtrise complète de ses émotions y compris dans les interactions les plus violentes. Il s'agit là de différentes manières de refuser de voir la face sombre de la pratique des arts martiaux. Et ici encore, ce déni n'est pas sans effet pratique. En résultent en effet des processus d'apprentissage incapables de remplir leurs promesses.

Il est évident que le processus d'apprentissage doit être organisé de manière à éviter le développement de dynamiques de violence à l'entraînement. J'explique par exemple à mes élèves qu'ils doivent prendre soin de leur partenaire d'entraînement parce qu'ils ont besoin de lui pour s'entraîner. Je leur dis qu'ils ont également le droit de changer de partenaire s'ils ne se sentent pas assez en confiance avec lui. Il n'en reste pas moins que les élèves doivent se lancer à eux-mêmes des défis pour progresser, et que ces défis passent nécessairement par des confrontations avec des partenaires. Sur ce point également, il faut donc trouver un équilibre entre la nécessité de s'entraîner de façon réaliste et le maintien des relations de confiance avec les autres membres de la même école qui permettent de s'engager à plein dans les pratiques collectives de l'entraînement (tout en gardant à l'esprit que l'entraînement réaliste en confiance ne correspondra à la réalité des situations violentes…).

C'est pour trouver ce point d'équilibre que les arts martiaux chinois se réfèrent traditionnellement au modèle familial pour organiser les relations sociales internes à une même école. J'ai déjà mentionné que le fondateur du style, ou le grand-maître (*Dai Sifu*) est conçu comme un grand-père, alors que le maître est conçu comme un père (*Sifu*) et que l'instructeur (*Sihing*) est conçu comme un grand frère. Ce modèle a pour fonction de décrire une hiérarchie et les devoirs réciproques des différents membres de l'école. L'analogie de la famille et de l'école pourrait également être entendue en d'autres sens, moins positifs. Les conflits au sein des écoles ressemblent en effet souvent à des conflits familiaux, avec leurs rancunes silencieuses qui finissent par s'exprimer de façon fracassante, avec leurs relations humaines empreintes d'attentes de reconnaissance, de jalousie et de ressentiment, où la fidélité peut à tout moment se transformer en trahison, l'amour en haine, etc. Comme dans une famille, les relations de dépendance et d'attachement peuvent donner le meilleur comme le pire ! Un défi est notamment, tout comme dans une famille, de faire en sorte que la solidarité et la loyauté restent compatibles avec l'autonomie individuelle. Le modèle familial peut également donner à penser à des observateurs extérieurs que les écoles d'arts martiaux ressemblent à des sectes.

Il est vrai que la combinaison de la hiérarchie, de la dépendance des élèves à l'égard de leurs instructeurs et de la puissance des attentes des élèves constitue une condition propice à la manipulation et aux dérives de type sectaire. Mais ce risque peut être surmonté si l'on comprend que la nécessité d'un respect de la hiérarchie, calquée sur les étapes du processus d'apprentissage, ainsi qu'une affirmation des devoirs de loyauté et de solidarité, peuvent rester compatibles avec une invitation à la réflexion personnelle et à la discussion critique.

Il y a donc une part de pertinence dans la manière dont les arts martiaux cherchent traditionnellement à faire face aux difficultés psychologiques propres au processus d'apprentissage et aux problèmes posés par la confrontation avec la violence. Ces questions sont bien au cœur du discours traditionnel des arts martiaux. Mais lorsque le discours traditionnel des arts martiaux aborde les questions psychologiques non plus à partir de la manière dont elles se posent dans le processus d'apprentissage, mais de façon plus générale, il est plus difficile de le suivre. Il tend souvent en effet à conférer des vertus démesurées à la pratique des arts martiaux : elle serait un moyen de résoudre les problèmes de manque de confiance en soi et d'entretenir un rapport plus sain avec sa propre agressivité. J'ai mentionné, dans le chapitre précédent, que certains pratiquants sont motivés par une insécurité psychologique. C'est un fait que le sentiment d'être trop fragile pour résister à la violence ordinaire de la vie sociale, qui est une forme de manque de confiance en soi, peut donner lieu à la recherche d'instruments de protection contre cette violence, et qu'il peut conduire à entrer dans le monde des arts martiaux. Il ne fait pas plus de doute que la pratique d'un art martial peut permettre de renforcer sa confiance en soi. Au cours du processus d'apprentissage, le pratiquant ne prendra pas seulement confiance en une série de techniques d'autodéfense.

Il découvrira également en lui de nouvelles capacités physiques et émotionnelles qui sont de nature à changer l'image qu'il se fait de lui-même et de ce qu'il est susceptible d'espérer. Les effets psychothérapeutiques des arts martiaux concernant les problèmes de confiance en soi sont donc réels, mais ils ne doivent pas être exagérés. D'une part, étant donné que le sentiment d'insécurité a souvent des racines plus profondes que ce qui est en jeu dans la possibilité de la confrontation avec la violence physique, les arts martiaux risquent toujours de se réduire à des moyens de fuir les problèmes plutôt que de vraiment chercher à les résoudre. D'autre part, l'insécurité psychologique s'accompagne parfois d'un désir de toute-puissance qui a pour fonction de dissimuler cette insécurité, aux yeux des personnes concernées et à ceux des autres, et non de lutter contre elle. Malheureusement, de nombreux instructeurs d'arts martiaux sont motivés par un tel désir de toute-puissance. Plutôt qu'à un remède à l'absence de confiance en soi, les arts martiaux relèvent de nouveau de la fuite, et cette fuite est de nouveau susceptible de pervertir le processus d'apprentissage. Des comportements autoritaires et parfois même sadiques sont des conséquences possibles lorsque les instructeurs instrumentalisent l'entraînement en un moyen de satisfaire leur volonté de puissance. Or, le sentiment de dépendance de l'élève peut le conduire à accepter les mauvais traitements que lui fait subir son instructeur... Non seulement les arts martiaux ne soignent pas automatiquement les déficits de confiance en soi, mais lorsque les problèmes de confiance en soi sont en jeu, des situations profondément malsaines peuvent résulter.

La question de la maîtrise de notre propre violence doit elle aussi être considérée avec nuance. Nous avons tous en nous une part d'agressivité et nous souhaitons tous pouvoir la maîtriser. La peur de ne pas être capable de la maîtriser peut conduire à l'occulter et à tenter de lui interdire toute forme d'expression.

Par ailleurs, il est difficile de décrire et de parler de notre propre agressivité, ce qui explique sans doute la relation ambivalente entre la peur et la fascination pour les représentations de la violence (les représentations cinématographiques par exemple). Il est évident que les arts martiaux constituent des manières de faire face à notre propre agressivité tout en lui donnant des formes d'expression socialement acceptables. Mais il ne faudrait pas en conclure qu'ils sont les meilleurs moyens d'apprendre à contrôler notre agressivité et à lui donner une forme digne de l'existence humaine. Or, c'est précisément ce qu'affirme le discours traditionnel des arts martiaux. Une telle affirmation ne tient pas compte du fait que le rapport qu'un individu entretient avec sa propre agressivité est souvent trop ancien et profond pour pouvoir être transformé par des pratiques corporelles aux prises avec la possibilité et la réalité de la violence. Lorsqu'un individu est profondément perturbé par sa propre violence, lorsque sa propre agressivité est pour lui une cause de souffrance, il faut l'orienter vers un psychothérapeute, non vers un cours de Kung Fu ou de Karaté! Il arrive malheureusement que des instructeurs d'arts martiaux soient conscients de la gravité du problème mais qu'ils se croient capables d'endosser de surcroît le rôle de psychothérapeute; la surestimation des vertus des arts martiaux, et de la portée de leurs propres compétences les expose alors au risque d'aggraver encore le problème.

la question du genre

Les problèmes psychologiques liés à la fragilité et à l'agressivité ont des échos qui concernent la différence de genre. En effet, les arts martiaux sont communément conçus comme des pratiques masculines, ce qui s'explique sans doute par la conjonction de différents facteurs : d'une part, dans l'histoire de l'espèce humaine, les fonctions de chasse et de protection par le combat, puis de la guerre, ont généralement été réservées aux hommes, alors qu'aux femmes revenaient la cueillette et la protection par la fuite ; d'autre part, des rapports sociaux se sont instaurés qui ont identifié les femmes à des rôles sociaux associés à l'espace domestique et à des valeurs de douceur et d'intériorité solidaires de leur supposée fragilité. Les arts martiaux apparaissent non seulement comme des pratiques masculines, mais en outre comme des pratiques viriles au sens où, par virilité, on peut entendre tout ce qui, dans les vertus attribuées communément aux hommes, renvoie au combat et à la confrontation avec le risque et la peur. Cependant, dans l'imaginaire social, les arts martiaux (chinois tout particulièrement) sont considérés comme des pratiques moins viriles que la boxe ou le rugby par exemple. Les arts martiaux comportent en effet des qualités esthétiques qui les rapprochent des valeurs que ce même imaginaire social attribue à la féminité. La situation des arts martiaux est donc ambivalente à l'égard des critères de la virilité, et dans le cas du Wing Chun, art martial censé avoir été fondé par une femme, l'ambivalence concerne plus généralement les normes de genre.

Il est assez clair que pour certains pratiquants, la virilité est un problème et les arts martiaux un moyen d'essayer de le résoudre. Cette tentative de résolution peut emprunter deux voies opposées. D'un côté, on peut chercher une confirmation de sa virilité par la pratique des arts martiaux. Je me contenterai d'une anecdote à ce propos. Lors de mes séminaires, je cherche souvent à mettre mes instructeurs avancés au défi dans des formes de combat libre, en vue de les pousser à dépasser leurs limites et de les habituer à des situations d'insécurité technique et émotionnelle. Je considère qu'il est de mon devoir, à l'issue de cette épreuve, de leur préciser corporellement qu'il n'y avait rien de personnel quand j'introduisais de l'agressivité dans l'interaction, et à leur témoigner mon affection en les prenant dans mes bras. Il arrive que des instructeurs se sentent alors embarrassés par ce passage de la violence masculine aux manifestations corporelles de l'affection entre hommes, sorte de trouble dans le genre. Inversement, des pratiquants peuvent être intéressés par les arts martiaux parce qu'ils permettent de confirmer la masculinité sans la virilité. La critique féministe du machisme et du chauvinisme masculin a produit de l'incertitude quant à savoir ce que signifie être un homme et quelles sont les valeurs et les vertus qui peuvent être associées au fait d'être un homme. Les arts martiaux peuvent apporter une solution dans la mesure où ils apparaissent encore comme une activité typiquement masculine, mais qu'ils sont en même temps considérés comme des arts, et comme des manières d'agir pouvant être considérées comme nobles et belles par les hommes comme par les femmes. Le fait que le Kung Fu, par exemple, apparaisse comme moins viril que la boxe ou le rugby devient alors un avantage. D'après certains sociologues, c'est l'une des raisons qui expliquent que les arts martiaux soient toujours plus populaires dans des pays comme la France ou l'Allemagne[1]. On pourrait dire que dans la première voie, celle de la confirmation de la virilité, on a tendance à insister surtout sur la face sombre de la pratique des arts martiaux, alors que dans la seconde, celle de la redéfinition de la masculinité, c'est sur sa face lumineuse. De nouveau, des processus de type psychologique profonds (liés à la manière dont un homme se définit comme homme), de même que des processus sociaux (liés à la définition de la masculinité et de la virilité dans tel ou tel contexte social ou culturel) pourront induire des visions unilatérales.

---

1. Sur toutes ces questions, on peut se reporter à C. Louveau, « Le corps sportif : un capital rentable pour tous ? », *Actuel Marx*, n° 41, 2007, p. 55-70.

La différence de genre pose des problèmes spécifiques dans le cas du Wing Chun en raison du fait qu'il s'agit du seul art martial censé avoir été créé par une femme (la none Ng Mui) et portant le nom d'une femme (Wing Chun, disciple de Ng Mui – le mari de Wing Chun aurait donné son nom à ce style de Kung Fu après l'avoir appris d'elle). Dans le monde du Wing Chun, les préjugés concernant les capacités féminines donnent lieu à de nombreux contresens. La plupart du temps, quand l'explication d'une technique est référée au fait qu'elle était initialement destinée à être utilisée par une femme, on sombre dans les stéréotypes sexistes. Le sommet de l'absurdité est atteint lorsqu'on affirme que le principe des coups de poing enchaînés tire sa source de la manière qu'ont les femmes de se battre en moulinant des bras sans force ni efficacité. Le fait que ce genre d'absurdité puisse provenir des rangs des pratiquants de Wing Chun, certes rarement, est édifiant. On entend plus souvent dire que les techniques de Wing Chun ne doivent pas utiliser la force musculaire parce que les femmes sont faibles et passives. Mais comment serait-il possible de frapper ou de dévier une frappe sans introduire de force musculaire ? Et comment peut-on être ignorant au point de croire que les femmes n'ont pas de muscles ? Il est vrai que le développement d'une division sexuelle du travail au cours des siècles a eu pour effet que le corps féminin est en moyenne moins musclé que le corps masculin et qu'on peut interpréter les spécificités des principes de combat du Wing Chun de ce point de vue. Le fait qu'il s'agisse de dévier des coups plutôt que les bloquer, qu'il s'agisse de submerger l'adversaire de coups plutôt que de chercher à mettre autant de puissance possible dans un coup, ou encore que ce soit en mobilisant la force d'inertie du corps plutôt que la force des bras qu'on accroisse la puissance des coups de poing, tout cela relève de principes adaptés à des situations dans lesquelles on aura à se battre contre des adversaires dont la force physique est supérieure à la nôtre. On peut dire la même chose de celui des grands principes du Wing Chun qui invite à céder devant une force plus grande que la nôtre : inutile de chercher à résister à la force d'un adversaire plus fort que soi, il est préférable de se libérer de sa force, c'est-à-dire de la dévier, de l'utiliser pour lui faire perdre l'équilibre, ou toute autre manière de transformer cette force en faiblesse. Si l'on part du principe qu'une femme est généralement dotée d'une moins grande force physique que ses agresseurs masculins (ce qui ne s'applique généralement plus à une femme entraînée…), on pourra donc en déduire que les principes stratégiques du Wing Chun sont particulièrement adaptés aux femmes. Mais les femmes ne sont pas les seules à devoir craindre d'avoir à se battre contre plus fort que soi, et l'on devrait attendre en fait de tout art martial qu'il permette à un pratiquant avancé de sortir victorieux de situations où il est confronté à des adversaires dotés d'une force physique et d'une taille supérieure à la sienne. Le fait que le Wing Chun soit traditionnellement représenté comme ayant été créé par une femme doit donc être pris au sérieux, mais il ne doit faire oublier ni tout ce que les corps féminins et masculins ont en commun, ni que des techniques et des principes de combats efficaces pour les femmes le seront également pour les hommes.

Que cet art martial puisse être utile aux femmes aussi bien qu'aux hommes ne signifie cependant pas que les femmes et les hommes entretiennent le même rapport avec lui. Les normes de genre associent l'idée de masculinité à la capacité à donner des coups de poing (alors que les femmes se voient plutôt attribuer la capacité à donner des gifles), et de protéger les personnes vulnérables qu'il aime (alors que les femmes se voient attribuer le rôle de personnes vulnérables). Par ailleurs, dès leur enfance, les jeux des garçons leur apprennent à donner des coups de pied (en jouant au football, alors que les petites filles joueront à la corde à sauter…). Ces normes et ces apprentissages expliquent qu'il soit généralement plus facile à un homme qu'à une femme de commencer à pratiquer un art martial. Les motivations, elles aussi, peuvent les distinguer. Les hommes sont le plus souvent à la recherche de l'efficacité martiale. En ce qui concerne le Wing Chun, ils sont tentés de traduire son origine censément féminine de la manière suivante : si un art martial est efficace pour une femme, il le sera d'autant plus pour un homme. En revanche, le fait qu'il soit plus difficile pour une femme de commencer un art martial la conduira à entretenir un rapport plus réflexif avec lui, dans une recherche de justification qui conduira à valoriser ses dimensions intellectuelles et esthétiques ainsi que tout ce qui relève des bénéfices de l'exercice physique. Les origines censément féminines du Wing Chun peuvent jouer un rôle facilitateur. Elles peuvent aider à vaincre les préjugés sociaux selon lesquels les pratiques martiales sont réservées aux hommes. Tout instructeur sait que les femmes auront à travailler plus que les hommes pour prendre conscience qu'elles peuvent frapper violemment des hommes, et qu'une force physique plus faible ou une absence d'expérience préalable du combat ne les condamne pas à l'impuissance. Les normes de genre tendent à enfermer les femmes dans le rôle de la victime qui doit être protégée des hommes par d'autres hommes et il n'est pas toujours facile de se débarrasser des dispositions corporelles et affectives qui ont été créées par ces normes. L'instructeur doit accorder une attention particulière à ces difficultés et mettre en œuvre des exercices spécifiques pour les surmonter. Pour le reste, je ne crois pas qu'un enseignement par genre soit adéquat. La plupart du temps, ce sont des hommes et non des femmes qui agressent ou frappent les femmes. Cela suffit à justifier qu'elles s'entraînent avec les hommes, et qu'elles s'entraînent aussi dur que les hommes. Il n'y a pas de meilleure source de confiance en ses propres capacités physiques et en l'efficacité des techniques incorporées. Les entraînements non mixtes, qui sont parfois jugés préférables parce qu'ils libèrent du regard dévalorisant et victimisateur des hommes risquent d'être moins durs et moins réalistes, ce qui revient en définitive à reproduire une forme d'inégalité (en ne donnant pas aux femmes les mêmes chances qu'aux hommes) et ce qui risque de mettre les pratiquantes en danger (en leur donnant une confiance irréaliste en leur capacité à sortir victorieuse de situations d'agression). Consacrer des entraînements particuliers à l'autodéfense féminine n'est pas une chose mauvaise lorsqu'il s'agit de faire prendre conscience qu'en tant que femme, on n'est pas condamnée à subir la violence masculine, ou lorsqu'il s'agit de créer ou renforcer la motivation de commencer à s'entraîner sérieusement à se défendre. Mais si les femmes veulent se défendre contre leurs agresseurs potentiels, elles doivent s'entraîner avec les hommes.

arts martiaux et sports de combat

Après ces remarques concernant les préjugés relatifs aux vertus psychothérapeutiques des arts martiaux et les préjugés ancrés dans les normes de genre, je voudrais évoquer quelques obstacles à la compréhension de la spécificité des arts martiaux. Parmi ces obstacles, les similarités avec les sports viennent au premier rang. Les sports, au sens contemporain du terme, sont des activités collectives associées à des règles et à des compétitions, dans le cadre d'organisations nationales ou internationales. Entendus en ce sens, les sports sont des inventions du XIXe siècle issues d'un processus de « sportification » de jeux, de défis populaires et de pratiques martiales, processus marqué par une codification et une régulation dont l'un des enjeux semble être de réduire la violence de ces jeux, défis et pratiques martiales[1]. C'est au tournant des deux siècles précédents que les arts martiaux ont été appelés pour la première fois « arts martiaux », et que le Judo et le Karaté ont été associés dans une grande « association Budo ». Aujourd'hui, la pratique d'arts martiaux japonais comme le Judo ou le Karaté, de même que celle d'un art martial coréen comme le Taekwondo, est principalement orientée vers la préparation de championnats et autres compétitions, comme dans les autres sports. Cela prouve que depuis le début du XXe siècle, on assiste, en même temps qu'au développement de la pratique des arts martiaux, à leur transformation en pratique sportive. Le Judo et le Taekwondo ont été presque totalement transformés en sports.

On peut considérer que les sports de combat et les arts martiaux comportent une similitude fondamentale : ils procèdent d'une sorte de ritualisation de la violence physique dont l'un des enjeux est sans doute de la rendre socialement acceptable. Socialement consommable comme un spectacle dans un cas, socialement acceptable en tant qu'il s'agit de combattre non comme un animal mais d'une manière qui soit digne d'un être humain dans l'autre cas. Rien de tout cela ne signifie cependant que la distinction entre arts martiaux et sports de combat n'a plus aucune pertinence. Il existe selon moi trois grandes différences entre ces deux types d'entraînement au combat. La première est relative aux situations de combat. Dans les sports, ce sont celles des compétitions, c'est-à-dire de confrontations officielles dans lesquelles des arbitres veillent au respect des règles. Il en résulte que tout l'entraînement et toutes les techniques seront organisés par la distinction du licite et de l'illicite, de même que par la durée des rounds et par les catégories de poids. Ces règles, distinguant le licite de l'illicite,

---

1. N. Elias, « Sport et violence », art. cit.

définissant des durées de combat et des catégories de poids, sont destinées non seulement à protéger les combattants, mais aussi à transformer le combat en un spectacle intéressant. La différence avec le type de combat auquel les arts martiaux avaient pour fonction de préparer est évidente. À l'origine, des arts martiaux comme le Karaté, le Jujitsu (l'ancêtre du Judo) ou le Taekwondo étaient tout autre chose que les sports qu'ils sont devenus. Ils étaient des moyens de développer des techniques utilisables dans des combats réels. Ils visaient à préparer à la guerre ou à la défense contre des bandits. Les arts martiaux qui se conçoivent, non comme des préparations aux compétitions, mais comme des préparations aux situations d'autodéfense, conservent cet objectif initial. Ils ne visent pas à maîtriser les règles d'un jeu et à en faire le meilleur usage possible, mais à se préparer à des situations où tous les coups seront permis et où l'on ne pourra compter sur aucun arbitre pour nous protéger. Dans un art martial comme le Wing Chun, tel que nous le pratiquons dans mon organisation, l'objectif est de se préparer à réagir de manière appropriée quels que soit la situation et le type d'agression, en utilisant toutes les manières de frapper qui sont imaginables (pieds, genoux, épaules, coudes, poings, paume, tranchant de la main, doigts, pouces…) et en visant toutes les cibles possibles dans le corps de l'adversaire.

Une série de paradoxes résulte de cet objectif. D'une part, dans le processus d'apprentissage, il s'agit de se préparer à un combat réel sans combattre réellement. D'autre part, alors que tout apprentissage consiste à s'approprier l'usage de règles (non seulement celles qui commandent l'usage de telle ou telle technique mais aussi celles qui gouvernent les interactions pendant l'entraînement), ces règles ont pour but de préparer à des situations caractérisées par le fait que les règles qui canalisent la violence ou lui donnent une forme socialement acceptable ne seront plus respectées. Ces paradoxes sont parfois soulevés pour contester qu'un art martial puisse mieux préparer qu'un sport de combat à l'autodéfense. Cette objection rate sa cible parce qu'elle ne comprend pas qu'il est possible d'inventer des techniques d'entraînement permettant de combler le gouffre entre la situation de combat codifiée de l'entraînement (le monde parfait où les techniques fonctionnent) et le monde potentiellement sauvage des agressions et des combats de rue (le monde réel). Le processus d'apprentissage de certains arts martiaux qui se réclament de la tradition repose principalement sur la répétition de formes codifiées, et il est évident qu'il aura tendance à produire des routines totalement inadaptées à la réalité de l'agression ou du combat de rue. Confronté à cette réalité, le pratiquant d'un sport de combat sera certainement avantagé. Mais on peut envisager différentes manières de créer des habitudes qui soient vraiment adaptatives et qui ne soient pas seulement des routines mécaniques : différentes manières de faire entrer le monde réel de l'autodéfense dans le processus d'apprentissage.

Jusqu'à présent, j'ai surtout évoqué nos méthodes d'apprentissage, et il me faut dire maintenant un mot de nos techniques d'entraînement. Notre objectif est d'enseigner aux élèves à maîtriser des techniques utilisables dans toutes sortes de situations. Pour ce faire, nous commençons par les enseigner à vitesse lente et dans les formes codifiées, ce qui permet de comprendre la géométrie des mouvements. Nous les enseignons ensuite dans des séquences d'attaques et de contre-attaques codifiées, ce qui permet de s'approprier la biomécanique des mouvements et de prendre confiance en l'efficacité martiale des techniques. Mais nous cherchons également à ce que ces techniques soient incorporées non sous la forme de routines adaptées à des attaques et des contre-attaques codifiées, mais sous celle d'automatismes mobilisables dans des situations d'entraînement non codifiées où l'élève se sent submergé par la vitesse et la puissance d'un adversaire. Une fois ce stade atteint, il est possible de modifier de nouveau la situation d'entraînement en introduisant de l'explosivité et de l'agressivité de telle sorte que l'élève se sente suffisamment en danger pour que l'adrénaline entre en jeu. Cette méthode d'entraînement produit une sorte de mémoire musculaire et un accroissement de l'acuité sensitive. Elle permet de développer une confiance en sa capacité à effectuer un travail émotionnel adéquat, et elle contribue à la mise en place d'habitudes flexibles adaptées à des situations imprévues et anxiogènes qui ressemblent aux situations d'autodéfense. Il reste cependant qu'il y a bien un élément de la situation de combat réel auquel l'entraînement ne peut pas préparer : la rage qui est souvent une composante des combats réels.

Une deuxième différence essentielle entre sports de combat et arts martiaux tient au type de victoire qui est recherchée et aux moyens de l'obtenir. Dans un combat de compétition, il s'agit de gagner par points ou par KO (ou l'équivalent : soumission, *ippon*, etc.). Si l'on prend l'exemple de la boxe, on peut dire que ce qui est déterminant pour une victoire aux points est la vitesse des frappes et des esquives, alors qu'une victoire par KO dépend surtout des feintes, de l'explosivité et de la puissance. Par conséquent, l'entraînement cherchera à développer la condition physique, la puissance musculaire et l'explosivité, ainsi que l'amélioration de la vitesse de la réaction motrice aux informations visuelles. Étant donné que le nombre de frappes autorisées est limité, il est possible de répéter davantage les mêmes techniques que dans un art martial où l'éventail technique est toujours plus large. Étant donné par ailleurs que le combat est organisé de telle sorte que la distance avec l'adversaire est régulée (ne serait-ce que par l'interdiction des saisies), il est possible de compter principalement sur le déplacement et les esquives pour se défendre contre les coups de l'adversaire, alors que les arts martiaux envisagent des situations où le déplacement est limité et où il faut pouvoir répondre non seulement à des coups de poing, mais aussi de coude, de genou et de pied, ainsi qu'au risque de performation par les doigts, où par ailleurs, il faut également se prémunir contre des clefs et des projections. Il en résulte que les méthodes d'entraînement et l'ensemble du processus d'apprentissage seront très différents : d'une part, il n'est pas besoin d'avoir la même condition physique pour supporter les 20 secondes d'une agression et les 12 rounds d'un combat de boxe professionnel, d'autre part, le nombre de techniques à incorporer est incomparable, enfin, les tactiques et les stratégies qu'il faut apprendre à mettre en œuvre sont totalement différentes et d'une plus grande variété. Une autre différence est liée à la dimension psychologique du combat. Les champions de sports de combat sont eux aussi soumis au choc d'adrénaline, mais le subir devient pour eux une habitude et participe de l'excitation du match ou du tournoi, une excitation qui prépare le combat et se prolonge en lui. Par ailleurs, le rôle de la confiance en soi et de la vigilance, et plus généralement la nature du travail émotionnel, diffèrent complètement sur un ring et dans la rue. Dans le premier cas, il s'agit de rester invulnérable aux intimidations de l'adversaire et de chercher à le distraire ou à perturber ses plans. Dans les situations d'autodéfense, le combat survient dans un contexte marqué par la surprise et la peur car on ne peut savoir jusqu'où la dynamique de la violence peut conduire. La confiance en soi et l'intimidation pourront jouer un rôle mais leurs fonctions seront différentes que sur le ring, et elles pourront s'avérer contreproductives.

Tant qu'on compare les arts martiaux et les sports de combat du seul point de vue des techniques d'entraînement, on sera sans doute porté à minimiser leurs différences. En effet, il existe de nombreuses dimensions de l'entraînement qui les rapprochent les uns des autres. Certaines donnent d'ailleurs lieu à des emprunts réciproques. La différence principale ne se trouve pas là mais dans la logique du processus d'apprentissage et l'usage qui est fait de techniques d'entraînement analogues. Il s'agit dans un cas de se préparer à des conditions de combat artificielles, alors que dans l'autre, il s'agit de se préparer à des situations d'autodéfense qui ne requièrent ni les mêmes capacités physiques, ni les mêmes compétences techniques, ni le même type de travail émotionnel. On prétend parfois que cette différence elle aussi doit être relativisée puisqu'un sportif dispose de certains atouts en situations d'autodéfense : sa condition physique, l'efficacité de ses automatismes et la maîtrise de ses techniques lui donneront des capacités de réaction qui feront défaut à la plupart des pratiquants d'arts martiaux. Mais ces atouts sont compensés par des faiblesses évidentes comme sa limitation technique : comment, par exemple, un boxeur pourrait-il répondre à un coup de pied entre les jambes ou à une saisie? En définitive, si le sportif peut parfois s'avérer plus efficace que le pratiquant d'art martial en situation d'autodéfense, cela ne résulte pas du fait que les arts martiaux préparent moins bien que les sports de combat aux situations d'autodéfense, mais plutôt du fait que les pratiquants d'arts martiaux travaillent souvent moins sérieusement que les sportifs... À cela s'ajoute évidemment que nous avons tous nos limites, et que le propre des situations imprévisibles est qu'on ne peut jamais être certain de parvenir à y faire face de façon appropriée. Aucun art martial ne peut garantir la victoire en situation d'autodéfense. C'est en ce sens également que les arts martiaux sont des écoles de l'humilité et qu'elles invitent à la prudence et à la recherche de solutions pacifiques dans les situations potentiellement violentes. Il n'en reste pas moins que le processus d'apprentissage des arts martiaux tournés vers l'autodéfense est destiné à doter le pratiquant d'une variété de compétences et de solutions adaptées aux situations d'agression, contrairement à l'apprentissage d'un sport de combat. Toutes choses égales par ailleurs, ces compétences et ces solutions lui donneront d'énormes avantages face à un agresseur ordinaire, et des avantages supérieurs à ceux du sportif.

Du côté des pratiquants d'arts martiaux aussi, nombreux sont ceux qui croient que les choses ont changé et que la hiérarchie de ces arts dépend de leur application sportive dans les combats de Mixed Martial Arts. Cela tient notamment au fait que les combats de MMA se présentent comme des combats libres (« Free Fight ») et qu'ils prétendent ressembler davantage à des combats réels que les combats organisés dans le cadre d'un sport de combat ou d'un art martial déterminé (championnats de boxe, de judo, de lutte, etc.). La différence n'est cependant pas si grande que cela. Les combats de « Free Fight » sont en fait soumis à un grand nombre de règles distinguant le licite et l'illicite : interdiction de frapper dans l'entre-jambe, interdiction de mettre les doigts dans les yeux, de donner des coups de tête, de mordre, etc. Si les combattants de MMA combinent si souvent des techniques de boxe (anglaise et thaïlandaise) et de lutte ou de jujitsu, si en quelques années, ils en sont venus à combattre tous à peu près de la même manière, c'est précisément parce que des coups sont interdits et parce que, comme dans un sport, il s'agit de faire le meilleur usage possible des règles. Un art martial comme le Wing Chun développe au contraire une capacité à utiliser toutes sortes de coups efficaces contre toutes sortes d'agressions possibles dans des situations d'autodéfense, là où il n'y a plus aucune règle. Si tout était réellement permis, les automatismes des combattants de MMA deviendraient largement désadaptés : les postures du boxeur sont vulnérables aux coups dans l'entre-jambe, et bon nombre de techniques de judo et de jujitsu devraient être abandonnées si l'on pouvait attaquer les yeux.

Le prestige dont jouit le MMA dans le monde des arts martiaux n'est cependant pas totalement usurpé. Il a produit un effet démystificateur salutaire en ce qu'il est parvenu à briser tout un ensemble d'illusions trop souvent partagées par les pratiquants. Il a détruit l'idée que certaines techniques auraient un pouvoir absolu et qu'il suffirait de les posséder pour mettre fin à coup sûr à un combat. Il a fait apparaître la stupidité de la croyance en l'invincibilité des grands maîtres et de l'idée que leur supériorité technique et leur expérience leur permettraient de vaincre n'importe quel combattant, quels que soient l'âge, la force et le style de combat. Il a démontré la fausseté des idées suivant lesquelles il suffirait de répéter des formes codifiées pour acquérir la science du combat, ou que tout travail de condition physique (cardio-training, travail foncier, exercices de musculation spécifiques) et tout entraînement spécifique au combat était inutile à celui qui possédait supérieurement un art martial. En un mot, le MMA a prouvé que les pratiquants d'arts martiaux se racontaient des histoires, et que l'efficacité de leurs techniques dépendait en grande partie d'une forme d'autosuggestion ou de complaisance endogamique. Entre pratiquants d'un même style et d'une même école, les attaques sont le plus souvent effectuées de telle sorte que les parades et les ripostes soient efficaces. Mais sur ceux qui ne croient pas à cette efficacité, elles cessent souvent de produire les résultats escomptés. L'effet produit par le développement du MMA tient au fait qu'il s'agit d'une pratique sportive où l'on ne se raconte pas ce genre d'histoire où par ailleurs l'autosuggestion n'existe pas.

Mais les arts martiaux ne sont pas condamnés à se bercer d'illusions. Pour autant qu'ils sont tournés vers la préparation de combats réels, ils doivent préparer à répondre à toutes sortes d'attaques dans toutes sortes de styles de combat. Le Kung Fu tout particulièrement se caractérise par une amplitude technique destinée à contrer les points forts du style de combat auquel on est opposé : on évitera de boxer un boxeur mais on pourra frapper avec les pieds en restant à distance de ses coups de poing avant de chercher le corps à corps où les coups de genoux et de coudes ainsi que les saisies seront les armes principales ; on ne cherchera pas à rivaliser avec les techniques de pied d'un pratiquant de Taekwondo mais à saisir ses jambes ou à rompre la distance ; on ne cherchera pas à donner des coups de pieds ou à saisir un judoka mais à le boxer. Par ailleurs, si les arts martiaux ont pour fin de préparer aux situations de combat réel, ils doivent également tenir compte du fait que les performances y seront toujours moindres que dans la situation idéale de la salle d'entraînement. Dans une situation de combat réel, la surprise et le stress réduiront les capacités physiques et les compétences techniques. De plus, la lucidité pourra être affectée. C'est pourquoi l'entraînement doit être exigeant aussi bien sur le plan physique que sur le plan de la préparation à supporter le choc d'adrénaline et les émotions qui peuvent accompagner une situation d'agression.

Je ne veux pas pour autant critiquer ceux qui pratiquent les arts martiaux dans une autre perspective que celle de l'autodéfense. Il est tout à fait légitime de préférer se contenter d'exécuter des formes codifiées plutôt que s'engager dans le travail physique exigeant que présuppose la préparation à des combats. Les arts martiaux asiatiques ont en effet une pluralité de dimensions : à la dimension martiale, centrale, s'ajoutent des dimensions esthétiques (on peut les pratiquer à la recherche d'une perfection dans l'exécution des formes codifiées et des techniques), thérapeutiques (on peut les pratiquer comme des techniques de santé), et éthique (on peut s'y engager principalement comme dans un travail sur soi et une recherche de soi)[1]. Les motivations des pratiquants peuvent être des plus diverses, et il n'y a aucune raison d'y voir un problème. Dans mon organisation, certains élèves sont attirés par la dimension esthétique des formes codifiées et par le défi de la maîtrise des techniques. D'autres pratiquent le Wing Chun parce qu'il s'agit d'une forme d'activité physique qui combine des exercices variés et des méthodes d'entraînement distrayantes. D'autres encore sont intéressés par ce qu'il y a de spécifique dans le processus d'apprentissage de cet art et par les transformations de soi qu'il implique. Et certains ont enfin le combat réel en vue. Seule la combinaison de ces deux dernières motivations est pleinement conforme à l'esprit d'un art martial comme le Wing Chun, mais on ne peut reprocher à des pratiquants d'avoir leurs propres motivations et centres d'intérêt, pour autant qu'ils restent conscients que l'exécution des formes codifiées ou l'exercice physique au moyen de techniques martiales n'est pas un bon moyen de se préparer à des combats réels. Le problème est ici encore que la pratique d'un art martial ne produise pas une

---

1. D. Bolelli, *On the Warrior's Path. Philosophy, Fighting, and Martial Arts Mythology*, Berkeley, Blue Snake Books, 2003, distingue cinq dimensions des arts martiaux et ajoute que l'une d'entre elle tend toujours à prédominer dans un art martial particulier : la dimension esthétique prédomine dans les arts de la performance (par exemple le Kung Fu acrobatique), la dimension thérapeutique prédomine dans les arts internes (par exemple le Tai Chi), l'usage des armes prédomine dans les « arts armés » (par exemple le Kendo), la dimension martiale de l'autodéfense prédomine dans un art martial comme le Wing Chun, et la dimension sportive prédomine dans les sports de combat. Cette typologie a le mérite de faire apparaître la pluralité des dimensions des arts martiaux, mais elle est critiquable sur plusieurs points. D'une part, on peut se demander s'il s'agit encore d'arts martiaux si la dimension martiale ne prédomine plus. D'autre part, la distinction entre les arts martiaux d'autodéfense et les « arts armés » est artificielle dans la mesure où l'autodéfense implique également l'usage d'armes ou la défense contre des armes. Enfin, l'idée que la dimension sportive est l'une des dimensions essentielles des arts martiaux donne un sens trop large au concept de sport.

fausse confiance en soi qui risque de mettre en danger lors de confrontations à l'agression et à la violence.

Il existe une troisième et dernière différence entre les sports de combats et les arts martiaux. Elle renvoie à un point déjà abordé lors du chapitre précédent et qui concerne le rapport entre la partie de l'existence qui dépend de la pratique d'un sport ou d'un art martial, et le reste de l'existence. Il n'y a pas de doute que tous les pratiquants d'arts martiaux ne sont pas des maîtres et que tous les maîtres ne sont pas des « maîtres dans la vie ». Néanmoins, il y a quelque chose de spécifique dans la relation que la pratique d'un art martial entretient avec l'économie d'ensemble de l'existence. Par comparaison avec les sports, les arts martiaux sont à la fois plus intérieurs et plus extérieurs au cours ordinaire de l'existence. Ils sont plus intérieurs parce qu'ils sont généralement plus que de simples loisirs qui occupent le temps libre, et qui n'ont pas d'effets directs sur le reste de nos journées et de nos semaines. Même lorsqu'un sport devient une passion et qu'il organise l'ensemble de l'emploi du temps, une fois la pratique terminée, il y a peu de chances que le sportif cherche à se comporter comme un sportif (si ce n'est en ce qui concerne des contraintes pesant sur son alimentation et son hygiène de vie). Se comporter de façon sportive dans la vie, cela n'a pas d'ailleurs de signification précise, si ce n'est peut-être se comporter de façon compétitive, ce qui ne constitue pas vraiment une vertu et qui relève souvent tout au plus d'une nécessité. En revanche, les arts martiaux prétendent transformer profondément le rapport à soi et aux autres, tout en produisant des effets profonds sur l'ensemble de l'existence. Il y a certainement une part d'illusion dans cette ambition et j'ai déjà remarqué qu'il est vain d'espérer que les arts martiaux résolvent tous les problèmes personnels. Cependant, on peut constater que les pratiquants d'arts martiaux se refuseront plus souvent que les sportifs à admettre qu'ils ne pourront s'entraîner que pendant leur jeunesse, aussi longtemps que leurs capacités physiques ne décroitront pas. C'est également un fait que les arts martiaux sont traditionnellement associés non seulement à l'idéal d'une pratique poursuivie tout au long de la vie, mais aussi à l'idéal d'un équilibre avec les autres dimensions de l'existence, et non pas seulement à la recherche de la performance, recherche dont on sait qu'elle peut être destructrice pour la santé aussi bien que pour la vie privée et professionnelle.

Inversement, les arts martiaux restent plus extérieurs que les sports au cours de la vie ordinaire. Comme tout art, ils offrent une opportunité de transformer la vie pour la rendre meilleure, et ils lui ouvrent de nouvelles dimensions qui rompent avec la continuité de la vie quotidienne. Certes, les sports peuvent devenir une passion, voire une profession, et ils peuvent ainsi affecter l'ensemble de l'existence. Il faut cependant distinguer entre les passions qui portent sur quelque chose que nous aimons faire, et les passions qui nous donnent l'occasion de cultiver un art que nous aimons, l'occasion de rechercher une perfection dans une partie de notre existence, et de nous engager dans un processus comportant la perspective d'un perfectionnement potentiellement sans fin sur le plan de la maîtrise technique aussi bien que sur celui de la compréhension de ce que nous faisons. Pour parler le langage des philosophes[1], on pourrait dire que le processus des arts martiaux ouvre la perspective d'un processus de croissance de l'expérience potentiellement sans fin, ce que les

---

1. Plus précisément, comme le philosophe John Dewey qui a affirmé que « la croissance elle-même est la seule "fin" morale » : « L'honnêteté, le travail, la tempérance et la justice, comme la santé, la richesse et l'instruction, ne sont pas des biens qu'il s'agirait de posséder, des finalités immobiles qu'il s'agirait d'atteindre. Ce sont des directions dans lesquelles orienter les changements à apporter dans l'expérience. Seule la croissance elle-même est une "fin" morale » (*Reconstruction en philosophie*, Paris, Gallimard, 2014, p. 233-234).

sports ne peuvent promettre, et on pourrait aussi se demander comment il se fait que les hommes aient dépensé en définitive si peu d'énergie à développer cette catégorie d'arts qui nous permettent de mieux vivre (catégories à laquelle les arts martiaux appartiennent), en comparaison des efforts qu'ils ont consacrés aux arts utilitaires et aux beaux-arts. Cette question confirme ce que je suggérais dans le chapitre précédent : les arts martiaux ne sont des arts ni au sens des arts utilitaires, ni au sens des beaux-arts, mais en un sens qui les rapproche et les distingue des uns et des autres. J'y reviendrai dans le quatrième chapitre.

arts martiaux et systèmes d'autodéfense

Les similitudes entre arts martiaux et sports de combat peuvent donc faire obstacle à la compréhension des spécificités des arts martiaux. Il en va de même des similitudes avec les méthodes d'autodéfense (comme le Krav-Maga, pour mentionner la plus connue). Sur ce point également, la comparaison doit éviter de surestimer autant que de sous-estimer les différences. On peut commencer par noter que ces systèmes ont été élaborés par des personnes qui ont étudié des arts martiaux et qui ont sélectionné un certain nombre de techniques pour leur efficacité en situation d'autodéfense. Ces méthodes entretiennent donc un double rapport avec les arts martiaux : du point de vue de leur origine et du point de vue de leur objectif.

Mais il existe également des différences significatives. La plus évidente tient au fait que les arts martiaux sont des arts, et qu'en tant que tels, on peut en venir à vouloir les cultiver pour eux-mêmes et non plus simplement pour leur efficacité pratique. Dans mon enseignement, il m'arrive de faire remarquer à des pratiquants avancés ou à des instructeurs que cela fait maintenant longtemps qu'ils ont atteint ou dépassé le niveau qui leur permet de répondre efficacement à des situations d'agression, et qu'il serait bon qu'ils réorientent leur processus d'apprentissage vers la recherche de perfection technique et d'approfondissement de la compréhension de la cohérence du système. Je doute que de telles réorientations puissent vraiment faire sens pour des pratiquants de méthodes d'autodéfense.

Une deuxième différence importante tient au type d'automatisme qui est mis en place dans les méthodes d'auto-défense. Ces méthodes consistent en un ensemble de séquences attaques/défenses/contre-attaques. Ces séquences sont répétées, dans le vide (*shadow boxing*) et en situation d'agression simulée. On espère que les automatismes qui sont ainsi implantés, associés à une bonne perception des mouvements de l'adversaire, puissent conduire à la mise en œuvre de l'enchaînement approprié en situation d'autodéfense. Les systèmes d'autodéfense ont en définitive pour objectif de créer des routines et ils ont donc quelque chose de plus mécanique que les sports et les arts martiaux. En effet, dans les sports de combats, la victoire dépend en grande partie de la capacité à rompre les routines et à perturber les plans de l'adversaire, voire à utiliser ses routines ou ses plans pour le piéger. L'improvisation joue un rôle décisif alors qu'elle n'a pas lieu d'être lorsqu'il s'agit de mettre en œuvre des enchaînements. J'ai déjà noté que lorsqu'ils se limitent à la répétition de formes codifiées, les arts martiaux se réduisent eux aussi à l'incorporation de routines, et il ne fait pas de doute que quand tel est le cas, les méthodes d'autodéfense constituent de meilleures préparations aux situations d'autodéfense. Les routines de ces méthodes sont sans aucun doute plus fonctionnelles que celles des formes codifiées! Mais j'ai également suggéré qu'il s'agit là d'un dévoiement du processus d'apprentissage des arts martiaux qui devraient avoir pour fonction de créer d'autres types d'automatismes (j'y reviendrai dans le prochain chapitre).

On peut dire que la différence tient à ce qui distingue un système d'une méthode. Un art martial comme le Wing Chun est un système d'autodéfense, non une méthode d'autodéfense. L'idée de système exprime le fait que les différentes techniques et tactiques sont les spécifications de principes généraux. Elles communiquent ainsi les unes avec les autres, et elles sont destinées à pouvoir se transformer les unes dans les autres en fonction des spécificités de la situation : une déviation peut se transformer en coup et inversement, une attaque peut se transformer en défense et en contre-attaque dans le cours même de son exécution. Certaines techniques sont appelées « séminales » parce qu'elles peuvent se transformer en d'autres techniques en fonction des résistances qu'elles rencontrent. Ainsi le mouvement consistant à pousser vers l'avant avec un bras (*fook sao*) est une manière d'équilibrer ou de dévier la poussée d'un bras adverse ou le mouvement d'un coup de poing, mais il peut être transformé en une frappe de poing, de paume ou de doigt, et ces mouvements de frappe peuvent à leur tour être transformés en cinq techniques de déviation (*Pak Sao*, *Kau Sao*, *Jut Sao*, *Bong Sao* and *Tan Sao*) selon qu'ils rencontrent des résistances internes ou externes, et selon la direction de la résistance rencontrée. Les mains collantes constituent un exercice destiné à apprendre à transformer les techniques de main les unes dans les autres en fonction des actions et des réactions de l'adversaire. Un exercice analogue existe pour les jambes. Cette logique de métamorphose des techniques s'applique aussi dans les principes tactiques du Wing Chun et elle correspond à la thèse taoïste suivant lequel les seuls principes qui méritent d'être suivis sont ceux qui permettent de s'adapter harmonieusement à toutes les situations.

L'objectif d'un système d'autodéfense comme le Wing Chun est de produire des habitudes hautement adaptatives, c'est-à-dire flexibles et intelligentes, et non des routines, c'est-à-dire des habitudes mécaniques. Il s'agit tout à la fois de créer des formes de coordination musculaire permettant de transformer des déplacements et des directions de mouvement en fonction des transformations de la situation, et de développer une mémoire musculaire et une acuité sensitive permettant d'effectuer des rotations du corps et de transformer des techniques de bras et de jambe en fonction des résistances rencontrées. Dans ces conditions, il n'est pas étonnant que le processus d'apprentissage d'une méthode d'autodéfense soit moins long que celui d'un art martial comme le Wing Chun. Il est plus difficile, et donc plus long, d'incorporer des habitudes intelligentes que des habitudes mécaniques. Pour ceux qui veulent se préparer à l'autodéfense le plus vite possible, les méthodes d'autodéfense pourront donc être préférables, et dans un premier temps, ceux qui pratiquent ces méthodes pourront sembler plus efficaces que ceux qui apprennent un système d'autodéfense. Mais dans la mesure où les habitudes intelligentes sont plus adaptées que les habitudes mécaniques à des situations mouvantes et imprévisibles comme le sont les situations où des techniques d'autodéfense peuvent être utilisées, c'est bien du côté des systèmes d'autodéfense qu'il faut chercher la véritable efficacité. Il y a un enjeu philosophique à comprendre que les habitudes peuvent être plus ou moins mécaniques et plus ou moins intelligentes, j'y reviendrai dans le prochain chapitre.

les mythes de l'efficacité, de l'intériorité et de l'énergie

Je viens de décrire un certain nombre d'obstacles et de préjugés qu'on peut dire externes aux arts martiaux au sens où ils tiennent aux motivations ou aux projections psychologiques des pratiquants d'une part, aux similitudes entre les arts martiaux et d'autres pratiques corporelles (sports et systèmes d'autodéfense) d'autre part. Mais il existe également des obstacles qui peuvent être dits internes au sens où ils appartiennent aux illusions produites par la pratique des arts martiaux et les discours qui les entourent traditionnellement.

Parmi les obstacles internes à la compréhension de ce qui se passe dans le processus d'apprentissage des arts martiaux, on peut mentionner une série de trois mythes : le mythe de l'efficacité, le mythe de l'intériorité et le mythe de l'énergie. Ces mythes, constitutifs du discours traditionnel des arts martiaux, ne résistent pas à l'examen rationnel mais ils n'en ont pas moins la vie dure. C'est le propre des mythes. J'ai déjà mentionné que des instructeurs enseignent, et que des pratiquants croient, que certaines techniques sont dotées d'une efficacité immédiate et absolue et que les arts martiaux sont à la recherche de ce type d'efficacité. Le MMA a prouvé à quel point ces croyances sont illusoires. Cependant, le mythe résiste. Quand un groupe est soudé par une croyance collective, il invente toujours des manières de la protéger de toute contestation : les grands maîtres seraient bel et bien invincibles, mais ils refuseraient de s'abaisser à participer aux tournois de MMA… Dans les arts martiaux qui se conçoivent comme traditionnels, on trouve parfois aussi l'idée que l'efficacité dépend principalement d'une sorte de fusion du pratiquant avec les techniques qu'il exécute. Ne faire qu'un avec les techniques, c'est précisément ce qui est recherché dans la répétition des formes codifiées. L'efficacité est de nouveau conçue en termes absolus au lieu d'être conçue comme il le faudrait, c'est-à-dire en termes relatifs : en termes d'adaptation à des situations spécifiques qui appellent l'exécution de telle ou telle technique particulière de telle ou telle manière particulière. Il n'est pas difficile de comprendre quelle est l'origine de cette croyance : des mouvements parasitaires, ou un manque d'attention et de concentration nuisent à l'efficacité d'une technique, alors que l'exécution adéquate d'une technique efficace s'accompagne d'un sentiment de spontanéité et d'immédiateté. On peut dire en ce sens qu'il faut faire un avec une technique pour qu'elle soit efficace. En outre, l'exécution adéquate d'une technique donne le sentiment d'une efficacité absolue et immédiate. Mais le sentiment, ici comme souvent, est trompeur. Il l'est non seulement parce que l'efficacité se mesure toujours contextuellement, relativement aux caractéristiques d'une situation, mais aussi parce que le sentiment de ne faire qu'un avec une technique peut être produit par des routines inadaptées et être compatible avec des mouvements parasitaires qui amoindrissent en fait son efficacité.

De ce point de vue, le mythe de l'efficacité est lié au mythe de l'intériorité, en l'occurrence, à la croyance que le facteur fondamental de l'apprentissage des arts martiaux réside dans les sensations qui accompagnent nos mouvements. Lorsque les arts martiaux chinois traditionnels affirment que la pratique des formes codifiées doit être à la recherche d'un sentiment d'unité et d'harmonie dans l'enchaînement des techniques, ils conduisent le pratiquant à penser que ce qu'il ressent est un bon guide. Il ne fait pas de doute qu'il est important de se mettre à l'écoute de ce que l'on ressent lorsqu'on travaille les formes codifiées, afin de trouver une manière d'enchaîner les mouvements qui soit aussi fluide que possible et qui s'adapte au mieux aux contraintes anatomiques et biomécaniques. Cela est vrai dans les arts martiaux internes aussi bien que dans les arts martiaux externes, et c'est en ce sens que la pratique du Tai Chi ou du Kung Fu peut apprendre à prêter plus d'attention à son corps et permettre d'explorer de nouvelles dimensions de la connaissance de soi. Mais de la possibilité d'un tel progrès ne résulte pas que les sensations soient de bons guides. Il suffit de penser à la sensation de se tenir droit : une personne dont la posture habituelle est voûtée ou cambrée aura le sentiment de se tenir droit, et si on lui fait remarquer qu'elle est cambrée ou voûtée, elle se fiera à des sensations liées à l'effort qu'il imagine pertinent pour se corriger. Ses sensations ne lui permettront pas de véritablement se corriger. D'où l'utilité de miroirs, ou du regard et des conseils d'autrui, pour tout ce qui concerne la posture, que ce soit dans le cadre de la vie ordinaire, des pratiques de santé ou des arts martiaux. Je me contente d'avancer cette idée que je développerai dans les chapitres suivants : nos sensations corporelles sont souvent erronées et dysfonctionnelles de sorte qu'elles doivent être rééduquées. Cette rééducation définit une part du processus d'apprentissage du Wing Chun.

Une autre forme du mythe de l'intériorité concerne la croyance en un prétendu pouvoir de percevoir les intentions avant l'exécution du mouvement, pouvoir que certains arts martiaux prétendent développer et qui permettrait à ceux qui en disposent de réagir à des attaques avant que les coups puissent arriver à destination. Cette croyance suppose que les intentions existent dans l'intériorité de l'esprit avant de se transformer en mouvements corporels, et que certains pratiquants disposent d'une sorte d'accès direct aux intentions des autres esprits. Tout cela est pour le moins douteux. Il est plus raisonnable de penser que celui qui enclenche une attaque l'annonce involontairement par des mimiques, des mouvements des yeux, des changements d'équilibre ou de posture avant même d'avoir le sentiment d'enclencher cette attaque. Puisqu'ils sont perceptibles, ces signes peuvent induire des réactions de la part d'autrui avant même que celui qui émet involontairement ces signes ait le sentiment d'avoir commencé son mouvement. Grâce à l'entraînement, il est possible de développer une perception de ces signes et d'augmenter la vitesse de réaction à cette perception, ce qui conduit à produire l'illusion de contre-attaques avant l'attaque.

Cette illusion s'explique par également par le fait que la perception spatio-temporelle est pour ainsi dire mise entre parenthèses entre la décision de frapper et le contact avec la cible. Le Judo, ainsi que d'autres arts martiaux savent que l'intervalle temporel délimité par l'instant où une technique est enclenchée et le moment où elle est censée produire tous ces effets définit une zone de complète vulnérabilité : l'attente de l'impact ou de la fin du mouvement dépossède l'attaquant non entraîné de ses capacités de réaction. D'une part, lorsqu'on exécute un mouvement le plus rapidement possible, on tend à croire que l'intervalle de temps est nul entre le début et la fin de ce mouvement. D'autre part, l'attente de l'impact du coup est anxieuse et craintive (il arrive d'ailleurs aux personnes non habituées à frapper de fermer les yeux pendant leur mouvement). Cette zone de vulnérabilité peut être exploitée, et cette exploitation peut devenir un principe stratégique. D'un tel principe relève cette maxime du Wing Chun : contrer une attaque par une attaque. Inversement, dans le processus d'apprentissage du Wing Chun, des exercices spécifiques sont destinés à conserver toute notre capacité de réaction dans cet intervalle afin de pouvoir procéder à des contre-attaques contre les contre-attaques qui peuvent y survenir. Mais spontanément, la personne non entraînée qui voudra frapper un adversaire attendra de sentir que son poing ou son pied touche la cible comme si pendant la trajectoire de ce poing ou de ce pied elle avait les yeux fermés, et il sera donc très perturbant pour elle de recevoir plusieurs coups ou de subir une technique de projection durant cet intervalle temporel. Le principe stratégique du Wing Chun invitant à dévier un coup et à frapper en même temps, tout en submergeant ensuite de coups enchaînés, a précisément pour fonction de créer et conserver cet état de forte perturbation.

Un autre mythe répandu concerne ce que les chinois appellent « Chi » (ou « Qi ») et qui peut être traduit de différentes manières : « énergie vitale », « force vitale », « courant d'énergie », ou plus prosaïquement, « souffle ». Lorsque les pratiquants croient et enseignent que les arts martiaux n'ont rien à voir avec les muscles et la biomécanique, ils ajoutent souvent qu'il s'agit de développer une force qui provient d'un système énergétique séparé, celui du « Chi » L'une des implications de cette croyance est que le pratiquant ne devrait essayer d'accroître la puissance de ses déplacements et de ses coups ni en développant une musculature spécifique, ni en incorporant des postures anatomiquement fonctionnelles, ni en développant des habitudes de mobiliser des muscles de façon coordonnée, mais en intégrant des pratiques énergétiques dans sa pratique, que celles-ci consistent en exercices de respiration ou dans la recherche de la fluidité qui est censée être le signe d'un mouvement dirigé par le « Chi ». Ces croyances permettent d'inscrire la pratique du Kung Fu dans le cadre de la cosmologie et de la métaphysique taoïstes. Tout cela est dépaysant et fascinant, mais il est difficile d'admettre qu'il existe une autre source de mouvement corporel que l'énergie musculaire. Pourtant, le mythe de l'énergie a toujours autant d'adeptes dans le monde des arts martiaux. Tout ce passe en fait comme si le progrès des sciences physiques et biologiques avait profondément transformé toutes les dimensions de la culture à l'exception de ce petit monde.

Si par énergie on entend l'énergie cinétique, c'est-à-dire l'énergie du mouvement, il n'existe aucune autre source d'énergie dans le corps humain que le système musculaire. Cela signifie que le terme « Chi » ne devrait pas être utilisé pour décrire et expliquer des mouvements, mais des techniques de respiration, des techniques de santé visant à produire une nouvelle conscience du corps, ou des techniques de relaxation cherchant à atteindre ce qu'on appelle parfois l'état sophronique. Des arts internes comme le Chi Gong, ou des arts martiaux internes comme le Tai Chi s'efforcent d'associer une forme de spontanéité et de conscience de la respiration, des sensations internes de relaxation et une fluidité harmonieuse dans l'exécution de séquences de mouvements. Ils cherchent à cultiver le sentiment que les mouvements internes dirigent les mouvements externes. C'est un fait que ce sentiment peut être cultivé, et il ne fait pas de doute qu'en le cultivant, on modifiera également les façons d'exécuter les séquences de mouvement correspondantes. Mais ce sentiment ne prouve ni que les mouvements internes se réduisent à ceux d'une « énergie vitale », ni que les mouvements internes dirigent les mouvements externes sans que les muscles ne soient mis en action. On retrouve ici les illusions propres au mythe de l'intériorité. J'ai déjà souligné que les sensations corporelles sont souvent trompeuses, et c'est particulièrement le cas en ce qui concerne les sensations de contraction musculaire. Tous les muscles du corps ne sont pas contrôlés intentionnellement, et concernant ceux qui sont susceptibles de l'être, rarement leur activité est accompagnée de conscience. Le fait qu'un mouvement ne soit pas accompagné par la conscience de mettre un muscle en action ne prouve donc rien. Quant à la distinction du monde interne de l'énergie, et du monde externe des muscles, elle repose sur une vision totalement dépassée du corps humain qui relève d'une vision du monde magique.

Cela n'implique ni que les arts internes qui se conçoivent comme un travail sur le « Chi » soient dénués de valeur, ni qu'ils ne puissent être d'aucune utilité dans les pratiques martiales. Ils constituent des techniques de santé dont la valeur est indéniable et ils développent des formes de conscience du corps qui, tout comme les techniques de santé, peuvent bénéficier aux pratiquants d'arts martiaux. Il n'y a aucune raison de penser que les arts martiaux devraient rejeter tout ce qui n'a pas de conséquence martiale immédiate. Non seulement, le processus d'apprentissage est assez complexe pour faire intervenir de nombreux facteurs dont certains peuvent recouper le domaine des arts internes, mais en outre, s'ils veulent être des arts utiles pour la vie et pouvoir être pratiqués tout au long de la vie, ils doivent également intégrer des techniques de santé. Il en résulte que la distinction des arts martiaux internes et externes n'est pas absolue, et de cela également, le Wing Chun fournit une illustration intéressante. En effet, il comportait traditionnellement une dimension interne, et on affirme traditionnellement que la première forme codifiée (*Siu Nim Tao*) est divisée en deux parties, dont la première, qui doit être exécutée plus lentement que la seconde, aurait pour fonction de permettre d'intérioriser l'énergie qui devrait ensuite être extériorisée dans la seconde partie. Dans l'un des premiers mouvements, l'action de pousser le bras vers l'avant paume vers le ciel afin de dévier l'extérieur le coup d'un adversaire (*Tan Sao*) est censée être guidée par un flux d'énergie, et parce que l'énergie qui pousse le bras vers l'avant finit sa course dans la main, celle-ci est censée devenir rouge sombre. Il est toujours possible d'associer des mouvements à des images et à des sensations, et de faire de la recherche de ces images et de ces sensations un moyen de mieux diriger un mouvement, mais cela ne signifie pas que ces images et ces sensations décrivent correctement le mouvement.

Il existe deux types de raisons qui conduisent les pratiquants à croire, aujourd'hui encore, que la solidité de leurs positions, la vitesse de leurs mouvements et la puissance de leurs coups ne s'expliquent pas par des facteurs anatomiques et biomécaniques mais par le « Chi ». Les premières proviennent des démonstrations par de soi-disant « grands maîtres » de leur pouvoir de neutraliser leurs adversaires à distance. On trouve aujourd'hui sur « You

Tube » de nombreuses vidéos où l'on voit les élèves d'un maître s'effondrer, ou être propulsés vers l'arrière ou encore perdre l'équilibre vers l'avant ou le côté dès qu'ils s'approchent de lui. Tout se passe comme ils étaient poussés ou tirés à distance et les élèves concernés affirment avoir senti une telle poussée ou une telle traction. De nouveau, il n'y a aucune raison de croire aux sensations corporelles. Le phénomène semble devoir s'expliquer par des formes d'autosuggestion plutôt que par la capacité du « Chi » à agir à distance. On trouve d'ailleurs, toujours sur « You Tube », plusieurs vidéos où des participants aux séminaires donnés par de tels « grands maîtres » s'avèrent invulnérables à leurs techniques. Les explications données pour justifier la non-efficacité du « Chi » sur de tels incroyants valent vraiment le détour…

La deuxième explication de la croyance en les pouvoirs miraculeux du « Chi » est plus intéressante et elle concerne directement le Wing Chun. Ce style de Kung Fu est connu notamment pour la puissance de son « one inch punch ». Il s'agit d'une technique où le coup de poing est donné alors que le bras est presque entièrement tendu, et placé à quelques centimètres près (un pouce) de la cible. Presque aucune force ne semble donc pouvoir être transmise au poing et pourtant, si la technique est bien exécutée, l'adversaire ou le partenaire d'entraînement est heurté si violemment qu'il peut être propulsé plusieurs mètres en arrière[1]. D'où l'idée suivant laquelle la force motrice ne peut venir que du « Chi ». En fait, rien n'est mystérieux dans une telle puissance d'impact. À force de répétition et d'entraînement, le pratiquant peut apprendre à mobiliser des muscles des bras qui

---

1. Sur ce point également, il suffit de regarder taper « one inch punch » sur « You Tube » pour trouver de nombreuses démonstrations. Bruce Lee a popularisé cette technique : https://www.youtube.com/watch?v=oRf49fMVOLE

ne semblent jouer aucun rôle dans un coup de poing (comme les muscles qui contrôlent la rotation du poing vers le haut) ainsi que de puissants muscles du tronc qui permettent à la cage thoracique et aux épaules d'intervenir dans le mouvement. Si ces différents muscles sont mobilisés de façon coordonnée, une grande énergie cinétique sera concentrée dans un point d'impact très localisé, et si l'impact se situe au centre du corps ciblé, cela produira une déformation de ce corps qui le déséquilibrera et augmentera la force propulsive vers l'arrière. Cela produira l'impression, chez celui qui subit cette technique, d'avoir ressenti une force d'une puissance bien plus grande que celle qui a été appliquée et que ce que les muscles du bras pouvaient produire, et pour des spectateurs également, il pourra sembler que la puissance du coup s'explique par autre chose que de la puissance musculaire. La surprise conduira à chercher une explication dans des pouvoirs cachés. De même qu'avec le sentiment que l'adversaire a réagi à l'attaque avant qu'elle n'ait commencé, l'illusion provient d'un décalage avec les attentes pratiques associées à la perception.

arts martiaux internes et externes, traditionnels et modifiés

Parmi les représentations constituant de véritables obstacles à la compréhension de la nature et des implications du processus d'apprentissage des arts martiaux, il faut enfin mentionner les classifications, souvent tenues pour acquises par les pratiquants, entre arts martiaux internes et externes, traditionnels et modifiés. Comme toutes les classifications sociales, elles n'ont pas seulement pour fonction de distinguer mais aussi de hiérarchiser en opposant les arts martiaux bons et mauvais, purs et impurs.

Il y a une sorte de passion de la classification dans le monde des arts martiaux[1] qui s'explique par le fait que chaque pratiquant semble éprouver le besoin de placer son art martial en haut de la hiérarchie, comme s'il lui fallait conjurer une sorte de doute radical concernant la valeur de sa propre pratique. Il est frappant que ces classifications soient structurées par les mythes que je viens d'évoquer.

La distinction entre arts martiaux internes et externes peut être entendue en deux sens. Le premier renvoie à l'idée que les premiers cultiveraient la force interne (ou l'énergie du « Chi ») en travaillant sur des sensations internes (comme les arts internes, tel le Chi Gong) mais aussi sur l'extériorisation de l'énergie dans des mouvements à finalité martiale (contrairement aux arts internes). Les arts martiaux externes, quant à eux, cultiveraient seulement la vitesse et la force musculaire. Entendue en ce premier sens, la distinction de ces deux types d'arts martiaux, qui servira tantôt à valoriser les arts martiaux internes (car les arts martiaux devraient cultiver l'énergie et non pas seulement les muscles) tantôt les arts martiaux externes (car eux seuls seraient capables de déterminer si l'énergie peut devenir puissance martiale) dépend du mythe de l'énergie et du mythe de l'intériorité que nous avons déjà examinés. Elle ne vaut pas mieux qu'eux.

En un second sens, cette différence peut être interprétée du point de vue des stratégies de combat. Les arts martiaux internes privilégieraient la déviation et l'utilisation de la force de l'adversaire (en termes taoïstes, ils privilégieraient le principe *Yin*) alors que les arts martiaux externes chercheraient au contraire à cultiver la puissance des attaques (ils privilégieraient le principe *Yang*).

---

1. Comme le relève Dominic LaRochelle, dans sa contribution intitulée « La "Tour de Babel" des arts martiaux. Un essai de typologie des pratiques martiales modernes et anciennes » à l'ouvrage déjà cité dirigé par O. Bernard, *L'arrière-scène du monde des arts martiaux*.

On pourrait également les distinguer comme des arts martiaux privilégiant des stratégies de défense et d'attaque. Cependant, la distinction entre arts martiaux de défense et d'attaque n'a aucun sens car ces deux types de stratégies (utilisation de la force de l'adversaire ou de sa propre force) sont combinés dans la plupart des arts martiaux. C'est particulièrement clair dans le Wing Chun dont les principes fondamentaux invitent à « se libérer de sa propre force » et « se libérer de celle de l'adversaire », de même qu'à « emprunter sa force à l'adversaire et la retourner contre lui ». Se libérer de sa propre force ne signifie pas compter sur le « Chi » mais frapper avec le maximum de décontraction musculaire, en ne mobilisant que les muscles nécessaires, ce qui permet d'annuler les contractions parasitaires productrices de forces de résistance, et d'utiliser la force d'inertie des muscles décontractés à l'impact tout en sollicitant la souplesse maximale des tendons pour gagner en allonge et en pouvoir de pénétration[1]. Par ailleurs, se libérer de la force de l'adversaire signifie ne pas chercher à exercer une force supérieure à celle de l'adversaire, mais la dévier. Or ce principe *Yin* est indissociable d'un principe *Yang* puisqu'un autre principe, « attaquer l'attaque », veut qu'on dévie avec une main en même temps qu'on frappe de l'autre. On retrouve cette combinaison des principes dans un art interne comme le Tai Chi où l'alternance des phases d'absorption (*Yin*) et de contre-attaques par frappes ou poussées (*Yang*) rythme les formes codifiées et relève d'un principe stratégique fondamental. En Wing Chun, cette combinaison des principes est pensée en termes de simultanéité de même que d'alternance, dès qu'il s'agit non plus simplement de dévier, mais aussi d'absorber, par exemple au moyen d'une rotation du corps suivie d'un mouvement de rotation dans l'autre sens et d'un déplacement

---

1. Ceux qui sont intéressés par la biomécanique du coup de poing du Wing Chun peuvent suivre ce lien : https://www.youtube.com/watch?v=ipfAK224798

vers la cible. L'exemple du Wing Chun suffit à prouver que l'opposition du *Yin* et du *Yang* ne permet ni de distinguer arts martiaux internes et externes, ni de comprendre les différentes manières dont ces deux principes peuvent être combinés au sein d'un même art martial. En ce second sens également, la distinction des arts martiaux internes et externes n'a donc rien d'absolu. On peut d'ailleurs remarquer que les principes du Wing Chun comportent de nombreuses similarités avec les principes énoncés dans les classiques du Tai Chi Chuan[1].

La discussion portant sur les différences entre ces deux types d'arts martiaux est obscurcie par le fait qu'aujourd'hui, l'art martial interne le plus pratiqué, le Tai Chi, n'est plus pratiqué comme un art martial interne mais plutôt comme une pratique de santé, une gymnastique ésotérique ou un art interne. Si ce type de Tai Chi est un art martial interne, il n'y a pas de doute que les arts martiaux internes et externes n'ont pas grand-chose à voir. Et pourtant, ce sont bien des techniques martiales qu'on apprend en Tai Chi! Or, même si on ne se soucie plus aujourd'hui de développer les savoir-faire qui permettraient de les appliquer, c'était bien là l'objectif originel de cet art. Au moins jusqu'à la fin du XIXe siècle, les maîtres de Tai Chi étaient des experts dans l'art du combat qui devaient relever les défis lancés par d'autres pratiquants d'arts martiaux. On pourrait se demander si l'enseignement du Tai Chi n'est pas dévoyé lorsque les techniques et les enchaînements perdent leur signification martiale aux yeux des pratiquants, mais je préfère ne pas entrer dans cette discussion. Je me contenterai donc de remarquer que si l'on avait un type de Tai Chi martial à l'esprit, il serait

---

1. On trouvera ces textes, qui datent du début du XXe dans Yang Jwing-Ming, *Les secrets des anciens maîtres de Taichi. Textes choisis et commentés*, Noisy sur École, Budo Éditions, 2004.

plus difficile d'établir une différence nette entre arts martiaux internes et externes.

Tout aussi fausse est la distinction censée opposer les arts martiaux traditionnels aux arts martiaux « modifiés », selon une classification qui sert presque toujours à dévaloriser le « modifié » au profit du « traditionnel ». Le sens qui est le plus souvent donné à l'idée d'« arts martiaux traditionnels » est fondé sur une série de confusions. Premièrement, cette opposition présuppose une homogénéité qui ne correspond pas aux réalités historiques. Lorsqu'on parle d'arts martiaux traditionnels à propos des arts martiaux chinois, on se réfère communément à des pratiques martiales qui auraient partagé des principes communs (bouddhistes et taoïstes pour l'essentiel) et qui auraient été pratiquées principalement dans les monastères (le temple de Shaolin, étant tout à la fois, selon la légende, le berceau du Kung Fu et du bouddhisme chinois). Tous ceux qui voudraient détacher les arts martiaux de ces principes communs les moderniseraient en tournant le dos à la tradition. Les historiens ont montré, au contraire, que les origines du Kung Fu sont diverses[1]. Originairement, les techniques à main nue semblent avoir été développées par les paysans et avoir été méprisées par les couches supérieures de la population. L'usage des armes fut développé quant à lui dans un cadre militaire, tandis que les moines et les médecins furent les inventeurs des arts internes. Il semble que les moines de Shaolin aient tout d'abord développé l'art du maniement du bâton, et que ce ne soit qu'après le séjour d'un général, qui introduisit les techniques à mains nues, qu'ils décidèrent de développer cet art du combat pour donner la même perfection à la manière la moins digne de se battre.

---

1. Comme l'explique José Carmona dans l'ouvrage déjà cité, *De Shaolin à Wudang*.

L'hétérogénéité des origines des arts martiaux est donc forte. Celle de leur développement n'est pas moindre. Le Wing Chun en fournit de nouveau une illustration. La légende voulant que Ng Mui en soit l'inventrice exprime une conscience de forte rupture, rupture symbolisée par le passage d'un art martial masculin à un art martial féminin. Les ruptures sont effectivement nombreuses : faible nombre de principes et de formes codifiées, techniques adaptatives plutôt qu'alternance de techniques défensives et offensives, usage simultané des principes *Yin* et *Yang* et non plus seulement transitions de l'un à l'autre, déplacements courts plutôt que de longue portée, enchaînement de coups de poing plutôt que recherche de la puissance maximale en un coup. Il s'agit là de ruptures avec des principes constitutifs de ce qu'était le Kung Fu, mais il ne viendrait pas pour autant à l'esprit de refuser de considérer le Wing Chun comme un art martial traditionnel.

On peut entendre l'idée d'art martial traditionnel en un sens plus particulier, comme lorsqu'on prétend pratiquer tel ou tel art conformément à la tradition. Ceux qui le prétendent réduisent généralement le processus d'apprentissage à la répétition des formes codifiées et aux explications par images, maximes et proverbes. Or, si traditionnel signifie « tel que les choses se passaient avant le XXᵉ siècle », il n'y a rien de traditionnel dans ce processus d'apprentissage. Avant cette date, la transmission était généralement directe, longue et intime, chaque maître n'admettant qu'un petit nombre de disciples, et elle pouvait avoir la famille pour cadre. Dans une telle transmission, l'imitation jouait sans doute un grand rôle (tout particulièrement s'il s'agissait pour un enfant d'apprendre de son père), et la proximité affective et intellectuelle, sans même parler du contexte culturel, faisait que les descriptions et les explications étaient sans doute moins utiles qu'aujourd'hui. Mais la répétition n'avait pas pour fonction de transmettre à l'identique un trésor du passé cristallisé dans les formes codifiées, comme on le prétend parfois aujourd'hui. La transmission était beaucoup plus adaptative. Dans le cadre d'un processus d'apprentissage fondé sur des liens personnels, il ne serait venu à aucun maître de ne pas tenir compte des particularités physiques et du caractère de l'un de ses disciples, ou de lui interdire de trouver sa voie personnelle. Dans certaines écoles de Wing Chun, on se réfère d'ailleurs à la maxime « le cœur vient en premier ». Elle renvoie sans doute au fait que le poing qui frappe se déplace sur une ligne qui conduit du plexus au visage de l'adversaire (ou plus généralement à la partie du corps ciblée), mais aussi au fait que chacun doit trouver une manière de pratiquer qui correspond à sa personnalité (le cœur étant traditionnellement interprété en Chine comme le siège de la pensée)[1]. La grande diversité des manières de pratiquer un même art martial s'explique par la légitimité de l'adaptation aux capacités et à la personnalité de chacun. Elle prouve que traditionnellement, les arts martiaux n'étaient pas considérés comme des patrimoines qu'il s'agissait de transmettre sans modification, contrairement à ce qu'affirment aujourd'hui ceux qui prétendent pratiquer un art martial traditionnel et non modifié.

Les défenseurs des soi-disant arts martiaux traditionnels critiquent souvent les arts martiaux « modifiés » ou « modernisés ». Mais étant donné que les arts martiaux étaient originellement des systèmes de combat adaptés à des situations réelles, celles des vols dont les paysans pouvaient être victimes ou celles de la guerre, et qu'ils ont été en évolution constante, notamment pour tenir compte de l'évolution des situations auxquelles il fallait répondre (le nombre impressionnant d'armes

---

1. Pour cette maxime et cette interprétation, voir l'ouvrage déjà cité de R. Chu, R. Ritchie and Y. Wu, *Complete Wing Chun*.

dans certains styles de Kung Fu le prouve), cette critique n'a pas grand sens. Compte tenu de l'apparition de nouvelles manières de se battre dans les sociétés contemporaines et de l'apparition de nouvelles armes, comment un art martial pourrait-il prétendre préparer à des combats réels sans évolution ? Comment pourrait-il se concevoir comme un système d'autodéfense sans tirer les conséquences du fait que même à mains nues on ne se bat plus aujourd'hui comme hier, notamment en raison de la diffusion de la pratique de la boxe (anglaise, française et thaïlandaise) et des arts martiaux, ainsi que des transformations profondes de l'imaginaire pugilistique (entre les manières de se battre de John Wayne dans les années 1950, celles de James Bond dans les années 1970, et celles de films d'action contemporains, il n'y a pas grand-chose de commun). La question n'est donc pas de savoir si la pratique d'un art martial est traditionnelle ou modifiée, mais si cet art martial a été transformé conformément à ses propres principes, ou s'il a été modifié au contraire par des principes empruntés à un autre art martial, à un système d'autodéfense ou à un sport de combat, ou encore s'il a été aménagé en fonction des divagations ou de l'incompétence d'un soi-disant « grand maître » qui souhaite donner une touche personnelle à ce qu'il enseigne, ou plus prosaïquement, forcer les plus avancés de ses instructeurs à devoir de nouveau reprendre l'apprentissage sous sa direction, et selon rémunération. En d'autres termes, la question n'est pas de savoir si un style est traditionnel ou modifié, mais classique ou syncrétique. Le style de Wing Chun que j'enseigne est considéré par certains, et dénoncé, comme « modifié » notamment parce que j'ai ajouté des techniques adaptées à des situations de combat au sol pour répondre à la diffusion des techniques de combat propre à la lutte et au jujitsu ou au judo. Mais les programmes que j'ai ajoutés sont fondés sur les principes qui gouvernent les techniques de jambes et de mains du Wing Chun. De même, j'ai cherché à rationaliser un certain nombre de techniques et d'exercices à partir de ces principes. C'est la raison pour laquelle je soutiens non seulement que mon Wing Chun est classique, mais qu'il est plus conforme aux principes du Wing Chun que la plupart des styles soi-disant traditionnels. En effet, bon nombre d'entre eux se sont écartés progressivement de ces principes, soit que l'absence de description et d'explication rationnelles ait conduit à accumuler les contresens et à dévoyer le processus d'apprentissage, soit que la signification de telle ou telle technique ait tout simplement été perdue dans la transmission de génération en génération.

La valorisation du traditionnel aux dépens du modifié repose donc sur une sous-estimation du fait que les arts martiaux se sont toujours adaptés aux évolutions des techniques de combat et des armes utilisées. Sans de telles adaptations, les arts martiaux auraient cessé d'être ce qu'ils cherchent à être, à savoir des systèmes de combat efficaces. On pourrait m'objecter qu'il est vain de croire que les arts martiaux peuvent rester aujourd'hui des systèmes de combat efficaces. Les professionnels du combat efficace que sont les militaires n'apprennent-ils pas le maniement des armes plutôt qu'à se battre à main nue ? On a pu en conclure que le fait que les techniques de combat guerrier se soient dissociées des arts martiaux implique que ces derniers ne peuvent plus aujourd'hui être pratiqués comme de véritables arts martiaux, et qu'ils devraient plutôt être considérés comme des « arts d'inspiration martiale »[1], c'est-à-dire comme des arts ne faisant qu'imiter ce que les arts martiaux ont été. Si tel était le cas, il serait difficile de comprendre pourquoi les corps d'élite de différentes armées ou polices introduisent les arts martiaux dans leur formation – le Wing Chun notamment que j'ai enseigné à

1. John J. Donohue, *Warrior Dreams. The Martial Arts and the American Imagination*, Santa Barbara, Bergin and Garvey, 1994.

plusieurs reprises dans ce cadre. Plus généralement, l'idée que les arts martiaux auraient perdu leur efficacité en situation de combat en raison des évolutions technologiques dans l'armement et dans les transformations de l'art de la guerre postule à tort l'existence d'une homogénéité permanente entre combat guerrier et combat d'autodéfense. Les arts martiaux se sont effectivement développés dans des contextes sociaux et à une époque où la violence entre États et la violence au sein des sociétés prenaient des formes comparables, mais l'époque moderne se caractérise par la dissociation des formes prises par ces deux types de violence [1], dissociation dont les arts martiaux modernes doivent tenir compte en se concevant comme des systèmes de combat efficaces en situation d'autodéfense dans les conditions qui définissent aujourd'hui les situations d'autodéfense.

1. Comme l'a souligné N. Elias, dans l'article déjà cité, « Sport et violence ».

chapitre 3
des corps en action

J'ai jusqu'à présent parlé des arts martiaux en général, des discours dont ils font l'objet et des obstacles auxquels se heurtent les efforts en vue de comprendre quelle est leur nature. J'ai fait du Wing Chun la principale source des exemples que j'ai mobilisés mais il s'agissait bien de définir une forme de philosophie des arts martiaux qui pourrait s'appliquer à tous les arts martiaux, tout en décrivant un certain nombre d'obstacles qu'une telle philosophie devrait surmonter quel que soit l'art martial qu'elle prendrait pour objet. Je vais maintenant chercher à développer le contenu d'une telle philosophie des arts martiaux, et puisqu'on ne peut pas faire de philosophie des arts martiaux en général, je vais prendre pour objet l'art martial que je connais le mieux. Que se passe-t-il au cours du processus d'apprentissage du Wing Chun ? Comment décrire et expliquer ce processus ? L'un des enjeux de ces interrogations concerne des questions philosophiques générales comme : qu'est-ce qu'un corps ? Comment et jusqu'à quel point peut-on modifier son corps par la pratique ? Qu'est-ce qu'un mouvement ? Comment peut-on diriger ou corriger ses propres mouvements ? Un autre enjeu de ces interrogations concerne des questions de pédagogie des arts martiaux dont on peut penser qu'ils concernent non pas seulement le Wing Chun, mais aussi d'autres arts martiaux.

décrire et expliquer le mouvement

Il n'est pas facile de décrire notre corps et nos mouvements. Notre corps est le facteur de notre expérience avec lequel nous entretenons la relation la plus intime et la plus continue. Il est ce qui la plupart du temps va de soi et ne nécessite pas d'attention particulière, sauf dans des situations bien particulières (maladies, blessures, douleurs, etc.). Il est ce que nous sommes et ce au moyen de quoi nous agissons sur le monde extérieur, non ce sur quoi nous avons besoin d'agir et qui doit faire l'objet de descriptions et d'explications spécifiques pour guider cette action. Nous sommes rarement en situation d'avoir à décrire notre corps et on peut penser que notre langage est davantage destiné à décrire le monde extérieur que le corps lui-même. On peut dire la même chose de nos mouvements. Comme l'ont soutenu plusieurs philosophes, on peut penser que le langage est mieux adapté à la description d'états de choses statiques et extérieurs sur lesquels nous pouvons agir, qu'à celle de notre corps et de nos mouvements [1]. Les arts martiaux ont buté sur ce problème, et c'est principalement en utilisant des images qu'ils ont cherché à le résoudre.

J'ai déjà remarqué qu'il existe une tendance, dans le monde des arts martiaux, à considérer que les efforts pour décrire adéquatement et pour fournir des explications rationnelles sont superflus. J'ai également pointé certaines des limites des descriptions au moyen d'images et des explications métaphoriques. Il n'en reste pas moins que l'usage d'images ou de métaphores peut présenter un intérêt dans la mesure où l'association d'une image à un mouvement a la capacité de

---

1. C'est en ce sens notamment que Nietzsche parle de préjugés substantialistes du langage et qu'il affirme qu'ils « remontent au temps de la forme la plus rudimentaire de psychologie » (*Crépuscule des idoles*, « Le problème de Socrate », § 5).

modifier l'exécution de ce mouvement sans avoir à proposer une description précise de ce mouvement. En ce sens, l'usage de métaphores et d'images, permet de formuler des consignes immédiates en contournant la difficulté de la description. Ici encore, la question est de savoir si le mouvement est bien ou mal dirigé par une image, et de déterminer comment éviter que l'image soit prise pour une description adéquate et qu'elle n'implique de ce fait des interprétations erronées du mouvement.

Pour préciser le sens de ces remarques abstraites, on peut se référer à l'une des images qui sont traditionnellement utilisées dans la pédagogie du Wing Chun : dans un coup de poing, la force doit venir du coude. L'action d'imaginer que la force vient du coude produit un double effet qui permet de corriger la manière dont les coups de poing sont spontanément donnés et dont ils sont exécutés dans d'autres styles de combat. Un effet directionnel d'une part : imaginer que la force vient du coude conduira à aligner le coude sur le poing et l'épaule au lieu de sortir le coude vers l'extérieur. Un effet de relaxation musculaire d'autre part : cette image peut en effet aider à décontracter des muscles qui n'ont pas besoin d'être mobilisés, comme le biceps et des muscles des épaules et des avant-bras, mais qui sont spontanément contractés sous l'effet de la tension impliquée par l'intention de donner un coup. Cette image a donc un double intérêt. Le problème est que son usage n'est pas présenté comme une consigne relative à un travail d'imagination (« imaginez que la force vient du coude ») mais comme une description (« ce qui est propre au coup de poing du Wing Chun est que la force vient du coude ») et une explication (« c'est du coude que vient la force exercée par le poing »). Bien sûr, la force de propulsion et la direction du poing proviennent des muscles alors qu'il n'existe aucun muscle dans le coude. L'image véhicule donc une description et une explication fausses. Elle semble produire des effets utiles, mais si elle est prise au pied de la lettre, elle peut induire des représentations inadéquates dont les effets seront préjudiciables aussi bien du point de vue du contrôle directionnel que de la relaxation musculaire. Ainsi, l'idée selon laquelle la force vient du coude peut conduire à se concentrer exclusivement sur le coude et ne pas prêter assez d'attention à la direction de l'avant-bras et donc du poing (souvent, les avant-bras des pratiquants de Wing Chun sont dirigés vers le ciel plutôt que vers ce qu'ils croient viser). En outre, l'idée que la force vient du coude peut conduire à l'idée que tous les muscles doivent être relâchés, ce qui reconduit au mythe de l'énergie interne, et qui interdit en fait tout contrôle de la contraction musculaire car certains muscles doivent bien être mobilisés alors que d'autres non. Cet exemple suffit à montrer que les images, tout comme les maximes, peuvent favoriser de mauvaises interprétations des mouvements à exécuter, or, ces mauvaises interprétations ont le même pouvoir pratique que les images : elles produisent des effets sur la manière dont le mouvement est exécuté et elles peuvent être à l'origine de manières erronées d'incorporer des mouvements et des techniques. C'est la raison pour laquelle l'usage des images n'est justifié que pour autant qu'il est accompagné de traduction rationnelle.

Car il est possible de chercher à relever le défi de la description et de l'explication du mouvement corporel. Relever ce défi ne revient pas seulement à lutter contre la pauvreté du langage dès qu'il nous sert à parler de ce mouvement. Un problème supplémentaire tient au fait que les arts martiaux impliquent des transformations de nos corps et de nos mouvements qui mettent en échec les conceptions ordinaires du corps et du mouvement. L'analyse de ces transformations est tout à la fois d'un intérêt pratique, puisqu'elle permet de corriger et de contrôler l'usage d'images et de métaphores, et d'un intérêt théorique, puisque la nature de ces transformations a des implications générales pour la philosophie du corps et la théorie de l'action.

transformer le corps

Le terme « corps » peut être entendu en différents sens. Un corps est tout d'abord un corps biologique qui est constitué d'os et d'articulations, de muscles, de ligaments et de tendons, et d'un système nerveux. Un corps est aussi ce qui nous donne des informations sensorielles à propos de notre environnement, qui est ressenti comme une partie de nous-même et qui exprime nos émotions. C'est un corps sensitif et affectif ou ce que les philosophes appellent parfois le « corps propre ». Le corps est enfin un système d'association de perceptions et de manières de se comporter, par l'intermédiaire d'instincts, et de réflexes et d'habitudes, les perceptions et les manières de se comporter étant interconnectées les unes aux autres sous la forme de savoir-faire pouvant être mis en œuvre indépendamment d'une intention ou d'une volonté consciemment formulée. On peut parler à ce propos d'un corps pratique. Je parle de trois corps pour établir des distinctions significatives mais il va de soi qu'ils ne sont en fait que les différentes dimensions d'un seul et même corps, et ces dimensions sont elles-mêmes intégrées les unes dans les autres de différentes manières. Ce que je voudrais souligner dans ce qui suit est que les transformations du corps qui sont à l'œuvre dans le processus d'apprentissage des arts martiaux concernent chacun de ces corps, ou si l'on préfère, chacune de ces dimensions du corps.

Comme dans tous les sports, le travail sur le corps biologique est crucial. Il ne concerne pas seulement des exercices de cardio-training, du développement de la puissance, de l'explosivité et de la résistance musculaires, et de techniques d'assouplissement.

Il relève également d'un travail d'intégration fonctionnelle et de coordination des différents membres et muscles mobilisés dans le mouvement. L'intégration fonctionnelle et la coordination peuvent être plus ou moins grandes. Or, c'est d'elles que dépend principalement l'explosivité et la puissance qui est recherchée dans les arts martiaux tout comme dans de nombreux sports. Un autre facteur déterminant pour améliorer l'explosivité et la puissance est la capacité à ne mobiliser que les muscles nécessaires au mouvement exécuté, et à ne les mobiliser que dans la proportion utile à ce mouvement. De même que des mouvements périphériques désorganisés diminuent l'énergie cinétique du mouvement principal, de même, des contractions musculaires inutiles créent des résistances qui amoindrissent le rendement de la puissance musculaire utile. Tous ces principes sont aussi importants dans les sports que dans les arts martiaux. Ils conditionnent l'efficacité de l'exécution d'une technique quelle qu'elle soit, qu'il s'agisse de courir, de sauter, de jeter, ou de donner des coups de pied, de poing, de coude ou de genou. C'est surtout à des transformations de ce type que l'on réfère spontanément lorsqu'on pense à ce qui peut être constitutif d'une transformation du corps. Cependant, en raison des manières de penser irrationnelles qui prévalent dans les arts martiaux, et qui se formulent notamment dans une opposition simpliste du corps sportif et du corps énergétique (ou taoïste[1]), les principes qui doivent gouverner ces transformations n'y sont pas toujours pris en considération, ou bien le sont de manière tellement fautive que des contresens et des dévoiements de la pratique en résultent.

J'illustrerai ce point en prenant l'exemple de la « posture arrière » du Wing Chun, une posture justifiée par différents

1. Les conceptions taoïstes du corps et leur actualité ont été étudiées par R. Grazziani dans *Le corps dans le taoïsme ancien*, Paris, Les Belles Lettres, 2011.

principes stratégiques : une légère inclinaison du buste vers l'arrière permet de mettre la tête aussi loin que possible des poings de l'adversaire; placer le centre de gravité au niveau de la jambe arrière permet de mieux contrôler la force d'inertie lors d'un déplacement vers l'avant et de libérer la jambe avant pour des frappes ou des déviations qui seront plus rapides que dans d'autres styles adoptant une posture avant, ou une posture équilibrée, ces postures exigeant un changement d'appui avant un coup de pied ou une parade du tibia. Pourtant, dans certaines écoles de Wing Chun, on apprend qu'il faut privilégier une posture vers l'avant pour obtenir plus d'explosivité dans le déplacement. Ce raisonnement est basé sur une méconnaissance de la biodynamique de l'explosivité, ainsi que sur le principe absurde qu'il faut commencer par perdre l'équilibre vers l'avant pour se déplacer, et il conduit à remettre en cause les principes stratégiques du Wing Chun dont dépendent pourtant bien d'autres techniques qui continuent à être enseignées comme si rien n'avait changé. Dans d'autres écoles, on soutient au contraire qu'au début d'un déplacement vers l'avant, la tête et la partie supérieure du tronc doivent effectuer un léger mouvement vers l'arrière. Cette manière absurde de contrarier un mouvement du corps vers l'avant par un mouvement vers l'arrière des épaules et de la tête, dont on voit bien qu'elle annule la puissance et l'explosivité du déplacement en même temps qu'elle crée de dangereuses tensions dans la colonne vertébrale, provient de deux contresens. Le premier est lié à la posture arrière, qui peut donner le sentiment, qu'une jambe, puis le bassin, puis la partie inférieure du tronc entrent en mouvement avant la partie haute. Au contraire, le tronc ne doit pas être déformé pendant le déplacement vers l'avant et c'est de la conservation de sa structure géométrique, et de l'alignement squelettique qui la justifie, que dépendent la puissance des coups de poing et la capacité à dévier des coups. Le second contresens, provient d'une mauvaise interprétation issue d'une extrapolation à partir de ce qui peut s'avérer nécessaire dans certaines situations d'autodéfense : effectuer un mouvement de la tête vers l'arrière pour esquiver un coup de poing. Il peut arriver que si les mains sont incapables d'intercepter ou de dévier un coup, la seule solution soit de s'en remettre à la réaction instinctive du mouvement de la tête vers l'arrière, bien que cela soit potentiellement dangereux pour la colonne vertébrale, et que cela rende plus difficile une contre-attaque au moyen d'un déplacement vers l'avant. Mais il est totalement absurde de penser que c'est précisément en référence à ce type de situation qu'il faut chercher à incorporer les automatismes du déplacement vers l'avant. Il en résulterait des habitudes aussi inefficaces que mauvaises pour la santé !

Des contresens analogues expliquent que d'autres écoles soutiennent que la posture arrière du Wing Chun devrait être abandonnée parce qu'elle n'est pas assez équilibrée, et qu'il faudrait lui substituer une posture plus naturelle, où le poids de corps serait réparti également sur les deux jambes. Mais l'idée que la posture n'est pas assez équilibrée repose sur une mécompréhension de la notion physique d'équilibre. Le fait qu'une partie du corps soit légèrement derrière le centre de gravité, où que le centre de gravité soit plus proche d'une jambe arrière que d'une jambe avant, ne signifie pas que le centre de gravité ne soit pas au point d'équilibre. Le fait que la tête soit légèrement en arrière du centre de gravité peut produire un sentiment de déséquilibre, tout particulièrement chez ceux dont la posture habituelle est voûtée, mais ce sentiment ne correspond pas nécessairement à la réalité. Qu'une position semble naturelle, cela prouve seulement qu'elle nous est devenue habituelle, non qu'elle est davantage conforme à des principes biomécaniques ou des logiques martiales. J'ai déjà remarqué que le sentiment d'une position naturelle est particulièrement trompeur lorsqu'il s'agit de la posture : les positions dans lesquelles on a l'impression de se tenir droit sont souvent voûtées ou cambrées, voire les deux à la fois. Par ailleurs, dès qu'il s'agit d'attaquer, les mouvements qui semblent les plus naturels sont ceux dans lesquels la tête part en avant, de même qu'une contraction de l'ensemble des muscles, sous l'effet de la peur, est habituelle. C'est tout cela qu'il s'agit de transformer, en créant de nouvelles habitudes dont on peut considérer qu'elles sont plus rationnelles en ce qu'elles sont plus conformes à un ensemble de principes qui garantissent une plus grande protection (combattre la tête en avant est évidemment dangereux) et une plus grande efficacité (la rigidité corporelle diminue la puissance et l'explosivité, mais aussi la capacité d'adaptation et la vitesse de réaction aux transformations de la situation). J'ajouterai que la logique de la position arrière permettant la libération de la jambe avant (si le boxeur met sa tête en avant, c'est qu'il renonce à utiliser ses jambes, et aussi parce qu'il ne risque pas de prendre des coups de genoux et de pieds en pleine face), il n'est pas étonnant de constater que les écoles qui renoncent à la posture arrière sont également conduites à négliger les techniques de jambe du Wing Chun.

Je viens d'expliquer que les principes biomécaniques sont importants pour tous les sports de même que pour tous les arts martiaux. Néanmoins, tel ou tel sport, de même que tel ou tel art martial, pourra être conduit à privilégier des principes différents. Le Wing Chun donne ainsi plus d'importance que d'autres arts martiaux externes au relâchement des muscles non nécessaires dans ses techniques de frappes. Cela permet d'augmenter la puissance du coup parce que les muscles relaxés poursuivront leur mouvement inertiel à l'impact de même que l'absence de contraction musculaire et la force d'inertie impliqueront une ouverture des articulations qui augmenteront l'allonge et la force de perforation. L'apprentissage de cette technique de frappe requiert un travail spécifique pour parvenir à garder les muscles relâchés dans une situation où ils tendent à se contracter pour différentes raisons : l'attente du choc que représente l'impact, la confrontation avec la violence et le danger qui lui est associé, violence et danger qui mettent en jeu différents processus psychologiques et réactions instinctives. En ce sens, ce travail de décontraction musculaire suppose une forme de travail psychologique et de travail sur la conscience et le contrôle de son corps qui est analogue à celui qui est entrepris dans certains arts internes. Parvenir à être aussi relâché que possible dans la situation qui semble nous imposer la plus grande tension qu'on puisse imaginer, tel est indéniablement l'un des objectifs des arts martiaux internes qui est repris à son compte par différents arts martiaux externes, dont le Wing Chun. Cependant, comme cela a déjà été souligné dans le chapitre précédent, être aussi relâché que possible n'est pas être totalement relâché, car il faut toujours mobiliser, c'est-à-dire contracter, des muscles pour effectuer un mouvement. Cet exemple montre que dans les arts martiaux, de même que dans les sports de combat, le travail sur le corps biologique ne pas être complètement séparé du travail sur les sensations et les émotions.

modification des sensations et travail émotionnel

Lorsque l'on pense à la manière dont un corps peut être transformé, c'est spontanément aux transformations du corps biologique que l'on fait référence, et c'est le plus souvent à ces transformations seulement que les philosophes ont pensées. Le modèle de référence est typiquement celui de la croissance et du vieillissement des corps, et nul doute que les arts martiaux appartiennent à la vaste famille des techniques du corps qui visent à lutter contre les effets du temps sur le rythme du métabolisme, sur la puissance musculaire et sur la souplesse. En ce qu'ils visent même à pousser le processus de croissance du corps biologique au-delà de ce à quoi la programmation génétique prévoit, en permettant un développement de la puissance musculaire et de la souplesse à l'âge où elles devraient décliner, on pourrait même dire qu'ils cherchent à inverser le cours du temps. Ils exploitent le fait que le corps peut connaître des processus de croissance au cours de sa période de vieillissement. C'est en ce sens également que l'on peut comprendre que les techniques du corps taoïstes promettent la vie éternelle. Mais les arts martiaux ont également en vue d'autres transformations du corps, comme celles qui concernent le corps sensitif et affectif. Et sur ce point également, ils sont loin d'être les seuls. La plupart des sports pratiqués à haut niveau travaillent sur la sensibilité motrice, en proposant des exercices spécifiques pour abaisser des seuils de sensibilité et développer des formes d'acuité perceptive susceptibles de donner plus de précision à l'exécution d'une technique ou de la modifier au cours de son exécution (pensons au joueur de basket qui rectifiera son mouvement en fonction des sensations provoquées par le glissement du ballon sur ses doigts alors que ce dernier a déjà commencé sa trajectoire vers le panier). Le rôle des dynamiques affectives, de leur dissimulation ou au contraire de leur expression, dans le sport de haut niveau est tout aussi évident et il fournit sa matière au commentaire médiatique. Même si les arts martiaux ne sont donc pas les seuls à travailler sur le corps sensitif et affectif, on peut cependant penser que ce travail y joue un plus grand rôle que dans la plupart des sports.

Dans les arts internes, la plus grande partie du processus d'apprentissage concerne les sensations corporelles relatives à la contraction musculaire, à la respiration, voire aux articulations et aux organes. Il s'agit de se concentrer sur des sensations qui ne franchissent généralement pas le seuil de la conscience, sauf lorsque la douleur en fait des indicateurs de problèmes à résoudre. Il s'agit de leur faire franchir ce seuil en leur portant une attention spécifique, de leur donner plus d'acuité et d'abaisser le seuil de perception. Dans la plupart des arts martiaux externes et des sports de combats, on se concentre plutôt sur la perception externe, visuelle principalement, afin de développer l'anticipation des mouvements et des trajectoires des coups. Dans des arts martiaux comme le Tai Chi (avec les poussées des mains, *Tui Shou*), le Judo ou le Wing Chun (avec les mains collantes, *Chi Sao*), le travail sur les perceptions internes est imbriqué dans celui qui porte sur les perceptions externes. On peut en effet transformer les perceptions internes de telle sorte qu'elles deviennent non plus seulement des sources d'information sur l'état de notre corps, mais aussi sur la nature de la pression exercée par un autre corps et sur les possibilités de l'attaquer ou de le déséquilibrer. En Wing Chun, l'exercice des mains collantes a clairement pour objectif de développer la précision des sensations concernant la pression exercée par les bras d'un adversaire sur les nôtres, et de nous permettre de déchiffrer non seulement l'intensité et la direction des poussées, des coups ou des déviations, mais aussi les changements d'intensité et de direction. Cet exercice est à la fois un instrument permettant de se concentrer sur les sensations pour les rendre plus conscientes et précises, un moyen de développer une sensibilité motrice hautement adaptative, et une manière de transformer cette concentration et cette sensibilité en une habitude qui, comme toute habitude, peut entrer en action sans concentration ni décision consciente.

En ce sens, ce travail sur les sensations est non seulement un travail de transformation des sensations internes en sensations externes, mais aussi un travail de transformation de sensations internes en instruments d'analyse de la situation et de déduction des réponses adaptées à cette situation, instruments d'analyse et de déduction instantanées et préconscientes. Les sensations se voient ainsi transformées en signaux appelant des réactions automatiques en fonction de la nature de l'attaque et des espaces laissés libres ou susceptibles d'être créés pour une contre-attaque. Une sensation est toujours un signal chargé de significations pratiques : une odeur sentie, un bruit entendu, un goût, etc., nous informent d'une transformation de notre environnement dont nous pourrions avoir à tenir compte[1]. Mais la signification pratique des sensations n'est pas spontanément martiale. Un exercice comme les mains collantes a précisément pour fonction de doter certaines sensations internes de ce type particulier de signification pratique.

Est-il nécessaire d'insister sur le fait que la manière dont on définit spontanément les sensations devrait conduire à juger impossible ces transformations ? Ce qu'on entend généralement par sensation, en effet, c'est une sorte de donnée brute, l'effet mécanique de l'environnement sur l'organe des sens, et tout au plus envisage-t-on de les rendre plus précises (en ce qui concerne l'ouïe et le goût) au moyen d'une éducation musicale ou gustative. Que des sensations qui ne franchissent généralement pas le seuil de la conscience (comme les sensations de tension ou de relâchement musculaire) puissent faire l'objet d'un processus éducatif spécifique, que des sensations internes puissent être transformées en sensations externes, et qu'elles puissent se voir ainsi attribuer des significations pratiques totalement différentes de celles qu'il leur revient dans nos interactions habituelles avec l'environnement, sans pour autant qu'elles relèvent du réflexe conditionné, tout cela est contre-intuitif.

---

1. Comme l'a souligné John Dewey par exemple dans le chapitre 4 de *Reconstruction en philosophie, op. cit.*

Un autre aspect du travail sur le corps sensitif et affectif concerne les émotions. Ces émotions ne sont pas réductibles à des phénomènes corporels dans la mesure où elles ont également des facteurs psychiques, mais elles ont une triple dimension corporelle. D'une part, certains processus corporels peuvent produire des émotions lorsque par exemple la douleur ou le plaisir physique entrent en jeu. D'autre part, la seule possibilité de douleur ou de plaisir physique peut produire des émotions comme l'espoir, la peur, la déception ou le soulagement. Enfin, des processus psychiques, comme l'angoisse ou la rage, produisent généralement des effets sur le corps. Les implications de ces faits pour les arts martiaux sont évidentes. La possibilité d'être frappé ou blessé, sans même parler de coups ou de blessures potentiellement mortelles, est une source puissante d'émotions qui joue un rôle déterminant dans les situations de combat réel. Spontanément, nous ne faisons aucune différence entre nous et notre corps, et dès que notre corps est confronté au risque de coups ou de blessures, nous nous sentons en danger dans tout notre être. C'est ce qui explique que l'apprentissage des arts martiaux, tout comme celui des sports de combats[1], constitue un tel défi du point de vue du travail émotionnel. La peur est utile en tant qu'elle nous informe du danger et qu'elle nous pousse à ne pas prendre de risque inconsidéré, mais elle doit être domestiquée pour nous permettre de prendre les risques qui, à l'entraînement, nous permettront de progresser et nous préparer progressivement à la possibilité de combats dans le monde réel. Cela n'est pas toujours facile, notamment lorsque nous nous retrouvons face à nos fragilités et nos angoisses, ou encore, lorsque la prise de risque n'est pas sanctionnée par le sentiment

---

1. Le rôle du travail émotionnel dans l'apprentissage de la boxe est souligné par L. Wacquant, *Corps et âme : carnets ethnographiques d'un apprenti boxeur*, Paris, Agone, 2001.

de progresser, mais par le sentiment d'échec. Il n'est donc pas étonnant que certaines écoles et certains styles cherchent à éviter toute confrontation physique, si ce n'est sous une forme totalement codifiée et ritualisée, afin d'éviter toutes les émotions liées à la possibilité de la violence. Les entraînements sont alors plus confortables et plus gratifiants pour les élèves, si du moins ils consentent à se mentir à eux-mêmes, et la situation pourra s'en trouver également plus confortable pour l'instructeur. Les évolutions dans l'enseignement du Wing Chun depuis une vingtaine d'années peuvent également trouver en cela une explication.

Que le corps soit un espace d'expression émotionnelle, cela également a des conséquences importantes pour les arts martiaux. Les sports de combats tout comme les arts martiaux doivent travailler sur les expressions des émotions. La question de la peur fournit de nouveau une bonne illustration. Son expression corporelle pose des problèmes spécifiques. Dans une situation d'agression potentielle, la capacité à imposer ses émotions aux autres joue un rôle déterminant[1]. D'où les tentatives d'intimidation, d'où les tentatives d'imposer le rythme de ses paroles et les conversations de gestes avant un passage à l'acte violent, d'où également le fait que l'expression de sa peur de la part d'une victime potentielle peut faciliter ou précipiter le passage à l'acte d'un agresseur. Il y a donc de bonnes raisons de chercher à camoufler sa peur en luttant contre ses expressions corporelles. Par ailleurs, les gestes auxquels la peur donne instinctivement lieu face à des coups permettent une protection minimale (fermer les yeux pour les protéger, protéger la tête avec ses bras pour limiter les dégâts des coups) qui comporte différents effets pervers : fermer les yeux empêche

1. C'est vrai dans toute situation violente si l'on en croit le sociologue R. Collins, *Violence : A Micro-sociological Theory*, Princeton, Princeton University Press, 2008.

de percevoir les transformations de la situation, se recroqueviller et se cacher derrière ses bras limite les capacités de vision et de réaction. Parvenir à se débarrasser de ces réactions instinctives est une condition *sine qua non* dans tous les sports de combat et tous les arts martiaux. La transformation requise est d'autant plus importante dans les arts martiaux comme le Wing Chun qui cherchent à attaquer une attaque au lieu de l'esquiver par un mouvement vers l'arrière (en se contentant ainsi de modifier une réaction instinctive) avant d'enchaîner par une contre-attaque.

De tout cela résulte que le travail émotionnel est plus exigeant dans les arts martiaux qui se conçoivent comme des systèmes réalistes d'autodéfense. Dans des situations d'entraînement où il s'agit par exemple d'apprendre à réagir à mains nues à des attaques au couteau, le pratiquant sera confronté à des sentiments inhabituels pour lui. Même dans le monde parfait de l'entraînement, et même face à un couteau en plastique, si son partenaire le confronte à des attaques réalistes, il sera contraint à un travail émotionnel difficile pour surmonter son sentiment d'impuissance, de vulnérabilité, de découragement voire d'angoisse face à la possibilité que la situation d'entraînement devienne réelle et donc potentiellement létale. Dans les situations réelles d'agression, et à plus forte raison si elles ouvrent la possibilité de graves blessures, les personnes concernées n'auront pas seulement affaire à des dynamiques émotionnelles perturbantes, la peur d'être tué pourra en outre s'exprimer dans des désordres physiques. Elle se combinera aux désordres induits par des processus physiologiques très puissants : le choc d'adrénaline pourra produire un tremblement des mains et des jambes qui n'est pas tant une expression de peur qu'un effet physiologique. Il faut de nouveau un travail émotionnel spécifique pour ne pas être confronté à un sentiment d'impuissance face au constat de ses désordres, sentiment qui risque d'aggraver la peur produite par ces désordres et d'induire des désordres physiologiques plus graves encore et impossibles à contrôler. Ce travail ne doit pas tant chercher à minimiser leurs effets qu'à créer la certitude pratique qu'ils n'annihileront pas les savoir-faire incorporés et qu'ils n'empêcheront pas d'exécuter les techniques et les enchaînements qui sont adaptés à la situation. J'ai déjà expliqué que lorsqu'un individu est susceptible de subir, ou subit, une violence extrême, les effets de l'adrénaline sont trop puissants pour pouvoir être contenus par la maîtrise de soi, comme les arts martiaux y invitent traditionnellement. J'ai également mentionné que le choc d'adrénaline est un acquis de l'évolution. Il s'agit d'un processus physiologique qui contribue à la survie des espèces animales, en permettant à l'animal en danger d'accroître sa puissance musculaire, tout en réduisant sa sensibilité à la douleur et en augmentant son acuité visuelle pour la fuite ou le combat. L'adrénaline est un produit dopant qui produit chez les humains seulement un sentiment de panique, sans doute parce que les transformations corporelles et visuelles sont trop rapides, trop violentes et trop inattendues pour que le corps continue à être perçu comme une part de nous-même et un instrument d'action efficace selon les modalités ordinaires de la conscience corporelle : nous avons peur des effets physiologiques de la peur, et cette peur aggrave ces effets physiologiques. De même que l'efficacité martiale en situation de danger sérieux ne dépendra pas de l'annihilation de l'adrénaline mais de son utilisation comme d'un dopant souvent trop puissant parce que non apprivoisé, de même, chercher à annihiler les émotions serait aussi irréaliste qu'inefficace. La peur est nécessaire parce qu'elle évite les risques inutiles, et la rage l'est tout autant lorsqu'on est confronté à un adversaire ivre de rage, et qui de ce fait voit ses forces et sa détermination décuplées. Tout comme l'adrénaline, la rage est une sorte de produit dopant. On en revient donc toujours à la même conclusion : ce ne sont pas tant les émotions qui font problème que notre rapport à nos émotions et à leurs conséquences pratiques. Le travail émotionnel dans les arts martiaux doit être un travail avec les émotions et non contre elles, en l'occurrence, un travail consistant à apprendre à les reconnaître et à savoir que nous pouvons continuer à agir malgré leurs effets perturbateurs.

De nouveau, ce type de travail sur le corps affectif est difficilement compatible avec les conceptions courantes. D'ordinaire, on conçoit les émotions comme le résultat de processus indépendants de notre volonté, comme des forces dont on subit les effets, qu'ils soient bon ou mauvais, et qui nous laissent peu de marge de manœuvre. Les philosophes ne se sont pas beaucoup éloignés de ces conceptions. Ils se sont interrogés sur les mécanismes qui produisent les émotions, sur les effets qu'elles peuvent produire sur nos comportements et sur les moyens qui sont à notre disposition pour lutter contre elles lorsqu'elles produisent des effets négatifs. Ils ont rarement analysé la manière dont nous pouvons travailler sur nos émotions au double sens qui vient d'être évoqué, au sens d'un travail d'ajustement des émotions aux situations et d'un travail sur l'expression des émotions. Ce sont surtout les sociologues et les psychologues qui se sont intéressés au travail émotionnel entendu en ces deux sens [1]. Mais ils ont surtout analysé la manière dont les sociétés fournissent des normes d'expression des émotions et dont les individus parviennent à mettre en œuvre différentes stratégies pour faire face à des situations ordinaires définies par des règles sociales et des obligations diverses en matières d'expression

---

1. À la suite du travail précurseur d'Arlie R. Hochschild, « Emotion Work, Feeling Rules, and Social Structure », *American Journal of Sociology*, vol. 85, n° 3, 1979, p. 551-575.

des émotions. Les arts martiaux sont quant à eux confrontés à la nécessité d'un autre type d'ajustement aux situations : ajustement à des situations où les règles et les obligations tendent à disparaître dans le tumulte de la spirale de la violence, où les émotions ajustées peuvent être celles qui semblent liées au sentiment d'être débordé par les affects et de ne plus pouvoir rien contrôler, comme la rage.

réactions instinctives, réflexes et habitudes

Ce que je viens de dire du corps sensitif et affectif permet d'entrevoir que les transformations du corps qui sont en jeu dans le processus d'apprentissage des arts martiaux sont complexes. On en trouvera confirmation en abordant les transformations qui sont relatives au corps pratique. Les arts martiaux tentent de transformer ce corps également, à savoir le corps en tant qu'il est à la fois sujet et instrument du mouvement, sur les trois plans des réactions instinctives, des réflexes et des habitudes. J'ai déjà mentionné quelques réactions instinctives liées à la peur : mimiques, protection de la tête, mouvement vers l'arrière, etc. Les humains partagent certaines de ces réactions instinctives avec d'autres espèces animales. C'est le cas du mouvement vers l'arrière. Profondément ancrées dans l'évolution des espèces, elles ne sont pas faciles à inhiber. Il est néanmoins possible de le faire au moyen d'un effort conscient d'inhibition et de répétitions visant à leur substituer des habitudes qui puissent relayer cette inhibition. C'est ce à quoi le Wing Chun s'emploie lorsqu'il substitue l'habitude d'attaquer l'attaque, c'est-à-dire de dévier un coup en frappant éventuellement avec un déplacement vers l'avant, à la réaction instinctive de recul.

La question de la transformation des réflexes est plus complexe. Certains réflexes innés, comme le réflexe rotulien, ne peuvent pas être transformés. Mais d'autres, comme le réflexe de fermer les yeux quand un objet s'en approche, peuvent être consciemment inhibés. L'action de fermer les yeux quand on anticipe un coup comporte une dimension réflexe et une dimension de réaction instinctive face à la peur, et l'inhibition de cet automatisme, bien que difficile, est cruciale dans les sports de combat et les arts martiaux. Un exercice possible pour y parvenir consiste à écarquiller volontairement les yeux dans toutes les situations où ils se ferment automatiquement.

Il existe en outre de nombreux réflexes conditionnés, comme par exemple les réflexes qui commandent la maîtrise de l'équilibre station debout. Le fait qu'ils résultent d'un conditionnement signifie qu'ils peuvent être transformés, au cours d'un processus de déconditionnement et reconditionnement. La plupart des réflexes conditionnés sont utiles (l'exemple de l'équilibre en fournit une illustration), mais il peut néanmoins être utile de les transformer. Le processus d'apprentissage du Wing Chun part notamment du principe qu'il est utile de transformer les réflexes relatifs à l'équilibre pour s'approprier la posture arrière. Les réflexes liés à la marche eux aussi doivent être transformés pour parvenir à s'approprier des déplacements qui conservent le principe de la posture arrière. Quand on sait le temps qu'il faut à l'enfant pour parvenir à conserver son équilibre lorsqu'il marche, sept ou huit ans, on imagine la difficulté de l'apprentissage de ces nouveaux équilibres et de ces nouvelles logiques de déplacement.

Les arts martiaux ne cherchent pas seulement à inhiber ou à transformer des réflexes, mais aussi à en créer de nouveaux. En les répétant plusieurs milliers de fois, il est possible de transformer des techniques de défense ou d'attaque en réflexes. La répétition peut implanter une réaction à une situation dans le système nerveux et la mémoire musculaire sous la forme d'un automatisme. D'où l'importance de la répétition dans les arts martiaux, d'où également l'idée erronée que le processus d'apprentissage se réduit à l'imitation et à la répétition. Cependant, à proprement parler, l'objectif des arts martiaux n'est pas tant d'implanter un ensemble de réflexes que d'implanter des habitudes flexibles et adaptatives.

Un réflexe est une réaction à un stimulus ou à un ensemble de stimuli. C'est pourquoi il a toujours quelque chose d'isolé et de mécanique. C'est ce qui explique qu'un réflexe ait la capacité de désorganiser un mouvement (pensons à l'action de sursauter sous l'effet de la surprise). Au contraire, comme l'a souligné le philosophe John Dewey les habitudes sont intégrées et non isolées, flexibles et non mécaniques. L'habitude de marcher, qui intègre différents réflexes gouvernant l'équilibre, et différentes capacités d'adaptation (à l'état du sol, à l'inclinaison du terrain) et de résolution des problèmes (lorsqu'un le pied bute sur un obstacle par exemple) fournit l'exemple d'une habitude intégrée et hautement adaptative. C'est ce type d'habitude que les arts martiaux cherchent à développer. Le terme « habitude » est souvent, à tort, pris pour un synonyme de « routine ». Certes, dans toute habitude, il existe une dimension routinière, et dans toute routine, il y a également une dimension mécanique. Mais il serait faux de considérer que toute habitude est une routine. Quand un artisan explique qu'il est dirigé par l'habitude quand il exécute sans avoir à réfléchir, et sans nécessairement pouvoir expliquer comment, des techniques complexes avec virtuosité, « habitude » ne signifie pas « routine ». L'habitude, essentielle dans l'excellence de son art, est alors un ensemble de compétences et de savoir-faire qui permettent de prévenir l'échec et de résoudre les différents problèmes qui sont susceptibles de survenir dans le travail[1]. C'est en ce sens d'un ensemble de compétences et de

---

1. Toutes ces questions sont développées par Dewey dans son ouvrage *Human nature and conduct*.

savoir-faire intégrés et intériorisés sous de forme de dispositions acquises que l'habitude est déterminante dans les arts martiaux.

Les habitudes sont des manières d'interagir avec l'environnement en fonction des sensations qui nous informent de ses changements. Elles sont fondées sur des dispositions et des savoir-faire qui franchissent rarement le seuil de la conscience et elles organisent le comportement sans recours à l'attention et l'intention conscientes. De cela, la vie quotidienne fournit de nombreuses illustrations. Ainsi, nous ne sommes pas obligés d'analyser la situation, de penser à nos mouvements ou de nous représenter le but de notre action lorsque nous fermons la porte de notre logement à clef. Nous n'avons pas de conscience explicite de ce que nous faisons dans une telle action habituelle, ce qui explique d'ailleurs que nous puissions l'exécuter en pensant à autre chose, et ne plus être sûr, une fois sorti de chez nous, d'avoir effectivement fermé à clef... L'efficacité de nos actions ordinaires dépend pour partie de l'ajustement de nos compétences et savoir-faire incorporés aux situations auxquelles nous sommes familiarisés, et pour partie du fait que nos habitudes permettent de diriger nos actions sans que nous ayons besoin de prendre le temps, avant de prendre une décision, d'analyser les situations et de réfléchir aux meilleurs moyens de parvenir à nos fins. De même, dans tous les sports, l'objectif est que certaines connexions entre des sensations et des actions, connexions qui supposent des coordinations musculaires et motrices, deviennent une habitude, de telle sorte que le sportif n'ait plus à se concentrer sur l'ensemble des contraintes biomécaniques et contextuelles qu'il a à maîtriser, mais seulement sur certains paramètres décisifs dont dépend la performance.

C'est le même objectif qui est poursuivi dans les arts martiaux. Il y a été formulé dans une formule traditionnelle des arts martiaux chinois : « quand ton corps sait, tu sais ». Parler d'un savoir du corps dans ce contexte est pleinement légitime dans la mesure où les habitudes combinent des compétences pratiques et des interprétations de ce qu'il convient de faire dans une situation déterminée. C'est pourquoi l'idée de savoir-faire, en tant qu'elle renvoie aux habitudes, doit être prise littéralement, au sens d'un savoir : un savoir non pas explicite mais tacite, un savoir non formulé mais incorporé sous la forme de capacité de réagir de telle ou telle manière. Ce savoir peut comporter différents degrés d'intelligence suivant qu'il est plus ou moins capable de s'adapter aux situations, de prévenir la mise en échec de l'action et de résoudre les problèmes qui peuvent survenir. On peut dont dire aussi que les habitudes seront plus ou moins flexibles et adaptatives selon qu'elles seront plus ou moins intelligentes[1]. Les habitudes comprennent non seulement une forme et un degré variable de compréhension de l'environnement, mais aussi un degré variable d'intelligence, cette compréhension et cette intelligence pratiques se distinguant de la compréhension et de l'intelligence théoriques.

J'ai insisté sur l'importance de la compréhension et de l'intelligence théorique dans le processus d'apprentissage des arts martiaux. La qualité de ce dernier dépend de l'appropriation intellectuelle de ses différentes dimensions et de la capacité de guider et de corriger la pratique de façon réflexive. Mais dans les situations de combat, l'enjeu est de donner le moins de place possible au contrôle réflexif de l'action, de prendre en compte le moins de paramètres possible dans le processus de prise de décision afin de réduire autant que possible le temps de réaction. Ce serait une erreur de croire que les réflexes sont la solution : ils sont trop mécaniques pour conduire à des

---

1. Qu'il puisse y avoir des habitudes plus ou moins intelligentes, est une thèse contre-intuitive développée également par John Dewey dans l'ouvrage cité dans la note précédente.

réactions adaptées à un environnement si changeant que celui d'un combat. Ils tombent trop facilement dans les pièges des feintes et peuvent trop facilement être retournés contre soi. La seule solution est à chercher dans l'incorporation d'habitudes intelligentes qui s'appuient sur la transformation de sensations en signaux pratiques susceptibles de réorienter à tout moment l'action. C'est en ce sens que le Wing Chun, de même que le Judo et le Tai Chi, ont pour objectif de transformer les sensations d'intensité et de direction d'une force exercée sur nos membres en facteurs de décision (en Wing Chung, décision de dévier ou de frapper) et de contrôle de l'exécution de la décision (en fonction de la variation de l'intensité ou de la direction s'exerçant sur le bras en train de dévier un coup, ou en fonction des forces rencontrées par le bras engagé dans un mouvement de frappe). Ces transformations illustrent la démarche, propre aux arts martiaux, consistant à développer autant que possible la compréhension et l'intelligence du corps.

Les habitudes intelligentes et flexibles sont créées par la répétition, mais la répétition ne doit pas devenir routine sous peine de limiter la flexibilité et l'intelligence des compétences et des savoir-faire. La différence entre l'habitude et la routine a donc des conséquences pratiques décisives. Dans le monde des arts martiaux, la répétition est trop souvent monotone et mécanique. Répétition sans fin des formes codifiées, des frappes dans le vide ou sur un sac, répétition des applications isolées et prédéterminées, etc. Rien de tout cela ne permet de développer ce qui dans des habitudes intelligentes et flexibles permet de répondre adéquatement aux spécificités de situations mouvantes. On peut en déduire une première série de consignes pour le processus d'apprentissage des arts martiaux : 1) éviter autant que possible la répétition sous la forme de routines ; 2) intégrer la répétition des techniques, ou des enchaînements, dans des méthodes d'entraînement variées (par exemple, formes codifiées, Chi Sao, Lat Sao [1], réponses à des attaques individuelles ou collectives, situations d'autodéfense simulées, combat debout ou au sol, etc.) ; 3) tout cela requiert une compréhension intellectuelle de la diversité des significations martiales (c'est-à-dire des usages possibles) d'une technique et de la diversité des situations effectives dans lesquelles elle peut être mise en œuvre (la répétition routinière privilégiant toujours, quant à elle, une seule signification et un seul type de situation).

Si la répétition ne doit pas prendre une forme routinière, c'est en outre parce que ce type de méthode d'entraînement crée des automatismes séparés alors que l'enjeu est de créer des automatismes intégrés. J'ai déjà souligné le fait que l'idée d'habitude renvoie à l'idée d'une intégration de compétences et de savoir-faire. L'enjeu est également d'intégrer les habitudes les unes dans les autres. Le corps d'un individu étant le lieu de constitution de différentes habitudes, elles communiquent toujours d'une certaine manière les unes avec les autres et se modifient toutes plus ou moins les unes les autres. Il en résulte qu'on ne peut pas changer une habitude en une autre si cette nouvelle habitude est incompatible avec d'autres habitudes incorporées [2]. De cela aussi, la vie quotidienne offre de nombreuses illustrations : dès qu'on souhaite changer une mauvaise habitude, on s'aperçoit que c'est à bien d'autres habitudes qu'il faudra s'attaquer. Un processus d'apprentissage comme celui des arts martiaux, qui vise à transformer profondément des habitudes elles-mêmes centrales (pensons à l'habitude de marcher) et à créer des habitudes totalement nouvelles (comme celle d'attaquer une attaque), impliquera

---

1. Pour trouver une illustration de cette technique d'entraînement, on peut suivre ce lien : https : //www.youtube.com/watch ? v=jgi9onWgDiI
2. Tout cela également a été expliqué par Dewey dans *Human Nature and Conduct.*

nécessairement une transformation globale du corps entendu comme ensemble d'habitudes. Mais les habitudes peuvent par ailleurs être plus ou moins indépendantes ou intégrées. L'objectif du processus d'apprentissage des arts martiaux n'est pas seulement de créer de nouvelles habitudes, mais de créer un corps dont les habitudes seront davantage intégrées, de sorte que les automatismes puissent se coordonner les uns aux autres, prendre le relais les uns des autres, se transformer les uns dans les autres. La recherche de spontanéité et de fluidité ne désigne rien d'autre : des enchaînements d'actions dans lesquels l'habitude gouverne non seulement l'exécution de chaque action (en lui donnant une apparence de spontanéité et de naturel) mais aussi l'enchaînement des actions, et cela en fonction des réponses qu'appelle l'environnement.

Le problème est alors de parvenir à guider efficacement un processus de transformation coordonné des habitudes. Pour atteindre cet objectif, on peut être tenté, comme dans le Wing Chun, de viser une transformation globale des habitudes à partir d'un principe général qui puisse s'appliquer à chaque technique en particulier, de même qu'aux enchaînements et aux transformations des techniques les unes dans les autres, et qui puisse, ainsi, définir des formes de corrections des mouvements susceptibles d'être cohérentes et convergentes. Ce principe fondamental est celui de la « ligne centrale »[1]. En divisant la partie supérieure du corps selon une ligne médiane verticale et une ligne médiane horizontale, on identifie un point central (se situant au niveau du plexus) qui définit la « ligne centrale » qui le conduit au point central du corps de l'adversaire. Cette ligne trace le plus court chemin que les poings auront

---

1. Pour des explications supplémentaires sur le principe de la « ligne centrale », on peut suivre ces liens : https://www.youtube.com/watch?v=TAi2FvMB30Q et https://www.youtube.com/watch?v=kvLAvG2mYOw

à emprunter pour frapper, la zone qu'il convient de contrôler pour se protéger, et les limites qui conduiront une technique à se transformer en une autre. On pourrait dire que la théorie de la ligne centrale fournit à la fois une représentation globale du corps qu'il convient de transformer, un principe de correction des techniques qu'il s'agit de répéter pour créer des habitudes, et un principe de transformation d'une technique en une autre. Il s'agit d'un principe qui, parce qu'il est explicitement formulé, est disponible à tout instant dans le travail de contrôle et de rectification de l'exécution et de la coordination des techniques. C'est pour ainsi dire un nouveau corps intégré qu'il s'agit de produire en dirigeant la production d'une série de nouvelles habitudes au moyen d'un même principe.

intentions et décisions

J'ai dit il y a un instant que les habitudes intelligentes et adaptatives sont un atout dans une situation de combat parce qu'elles permettent de minimiser le temps de décision. J'ai également rappelé que les habitudes intègrent des réflexes en elles. On peut donc se demander quelles sont exactement les contributions des réflexes, de l'habitude et de la décision dans une interaction martiale. Cette question est difficile. Elle illustre la difficulté, évoquée au début de ce chapitre, de décrire précisément le déroulement d'une action.

Cette question pose également le problème de savoir ce qu'on peut appeler décisions. Prenons l'exemple d'une action gouvernée par ces deux principes du Wing Chun : dévier une attaque tout en attaquant, céder devant une plus grande force. Dans certains cas, il ne sera pas possible de dévier une attaque sans effectuer une rotation du tronc. Le corps ne résistera pas à la force de l'adversaire mais « cèdera » au sens où cette force exercée sur un bras initiera un mouvement de rotation coordonné avec une frappe de l'autre bras dont la puissance pourra être amplifiée par ce même mouvement de rotation[1]. Ici, on peut dire que le mouvement de rotation relève d'un réflexe acquis : la répétition a créé une réaction automatique consistant à utiliser la force exercée par l'adversaire comme une force rotative à partir du moment où elle atteint un certain seuil d'intensité lorsqu'elle est dirigée vers notre corps (la rotation n'est pas utile si la force est mal dirigée). L'habitude y ajoute une coordination entre le mouvement de déviation d'un bras et la frappe de l'autre bras. Elle y ajoute également un élément intentionnel : ce réflexe participe de l'intention de dévier et de frapper. Mais cet élément intentionnel ne relève pas d'un choix conscient. C'est dans la suite de ce mouvement qu'un choix conscient pourra intervenir : une contre-attaque peut suivre ce mouvement de rotation coordonné à une déviation et une frappe, et cette contre-attaque peut prendre la forme d'un enchaînement de coups de poing ou d'autres techniques de frappes des membres supérieurs, ces frappes peuvent être coordonnées avec un déplacement ou non, avec un coup de pied ou de genou ou non. L'intégration des habitudes permet que toutes ces options soient contenues en germe, comme ses développements possibles, dans le mouvement qui vient d'être effectué sur la base d'un réflexe acquis, mais un choix conscient doit être effectué pour que tel ou tel développement s'effectue. Dans toute situation de combat, en règle générale, opère un mixte de réflexes, d'habitudes et de choix conscients, et c'est principalement dans la dimension tactique que les choix conscients, c'est-à-dire ce qu'on appelle d'ordinaire les décisions, ont un rôle à jouer.

---

1. Ces principes trouvent des illustrations dans plusieurs des liens indiqués dans les notes.

Je viens de dire que l'habitude ajoute une dimension intentionnelle à une réaction automatique. Cela pourrait sembler étrange puisque dans notre exemple, les habitudes s'activent en deçà du niveau de l'intention consciente, alors que le concept d'intention désigne d'ordinaire des visées conscientes. De nombreux philosophes ont d'ailleurs soutenu que la visée d'un but n'est une intention que si elle est consciente. Mais d'autres philosophes ont souligné la nécessité de distinguer entre intentions corporelles et intentions conscientes[1]. L'exercice des mains collantes fournit une illustration du bien-fondé de cette distinction. Le débutant, qui cherchera à équilibrer une poussée d'un bras vers son corps par une poussée de même intensité de son bras vers le corps du partenaire, découvrira avec surprise, si son partenaire retire subitement son bras, qu'il est en fait en train de pousser dans une autre direction que dans celle dans laquelle il avait l'intention de pousser. Alors qu'il a l'intention de viser avec son bras le corps du partenaire d'entraînement, et dans la direction opposée à la poussée exercée par le bras de ce partenaire, son propre bras pousse en fait sur le côté. Bien que l'intention soit de pousser devant, et que la sensation soit également celle d'une poussée vers l'avant, le bras pousse de côté. L'explication de ce phénomène étonnant, où l'intentionnalité corporelle (la direction dans laquelle le corps pousse) est différente de l'intentionnalité conscience (la cible consciemment visée) est simple. Le bras rencontrant une résistance qui tend à dévier son mouvement, une réaction automatique intervient pour compenser la déviation et écarter l'obstacle qui la produit. Cette réaction induit une poussée latérale, de sorte que la direction du mouvement est en fait modifiée. Mais cette réaction ne franchit pas le seuil de la conscience. Cet exemple est intéressant à plus d'un titre. Il illustre le fait que les automatismes peuvent avoir

---

1. C'est le cas de M. Merleau-Ponty dans la *Phénoménologie de la perception*.

un effet perturbateur sur un mouvement (le mouvement vers la cible, une fois réorienté par une poussée latérale, ne peut que la rater). Il fournit une nouvelle preuve du caractère trompeur de nos sensations corporelles (le débutant a l'impression d'une poussée vers l'avant, et elle persiste même si on lui fait remarquer qu'il pousse sur le côté). Enfin, cet exemple prouve que l'intention corporelle peut divorcer d'avec l'intention consciente, et qu'elle peut être erronée. Cela signifie donc que les savoir-faire incorporés, ou la connaissance par corps, ne sont pas toujours fiables et qu'un travail spécifique est requis pour les rectifier. Ce travail participe également aux transformations des habitudes et du corps pratique qui peuvent être engagées dans les arts martiaux.

Il n'est pas d'autre moyen de corriger l'intentionnalité corporelle, qui opère en deçà de la conscience, que d'essayer de prendre conscience de ses erreurs et de les corriger à partir de l'intentionnalité consciente. C'est précisément l'une des fonctions de l'exercice des mains collantes où il s'agit précisément d'apprendre à corriger la direction et l'intensité de la pression exercée par ses bras sur les bras du partenaire en affinant les sensations relatives à la direction et à l'intensité de la pression. Les mains collantes sont en ce sens l'instrument d'un processus d'apprentissage visant à réajuster, par l'intermédiaire d'un contrôle conscient de l'action et des sensations, intentionnalité corporelle, sensations et intentionnalité consciente. Cela implique notamment, contrairement à ce que la plupart des philosophes ont affirmé, que l'intentionnalité corporelle n'est ni un simple produit de l'intentionnalité consciente (c'est l'idée la plus répandue) ni une intentionnalité destinée à rester en deçà de la conscience (et qui constituerait le socle de toute intentionnalité consciente[1]). Cette intentionnalité corporelle est indépendante mais elle peut devenir consciente et être corrigée par un effort spécifique d'attention. L'intentionnalité corporelle relève de ces habitudes qui agissent d'ordinaire en deçà de la conscience mais qui peuvent être transformées par une pratique consciemment dirigée.

« Ne faire qu'un avec le mouvement », cette maxime traditionnelle des arts martiaux ne renvoie sans doute pas seulement au fait que des contradictions musculaires inutiles, ou des habitudes mal intégrées peuvent avoir des effets perturbateurs sur l'action. Elle se fonde sans doute également sur le fait que l'intentionnalité corporelle qui dirige le mouvement n'est pas toujours parfaitement ajustée à l'intentionnalité consciente, non pas seulement dans des actions supposant le maniement d'instruments (il est évident qu'il sera difficile de créer les habitudes qui permettent d'atteindre la cible visée avec un arc ou une arme à feu) mais aussi dans des gestes aussi simples que la poussée des bras. Le mouvement effectué, le mouvement senti et le mouvement visé ne sont pas toujours les mêmes, et il faut un travail spécifique pour les ajuster les uns aux autres. De ce point de vue également, les transformations du corps qui sont impliquées dans le processus d'apprentissage des arts martiaux visent à produire un corps plus intégré.

le schéma corporel

On commence à entrevoir la profondeur du travail sur soi qui est effectué dans ce processus d'apprentissage. Celui-ci ne

---

1. C'est l'idée défendue par Merleau-Ponty dans la *Phénoménologie de la perception*. Il est critiqué sur ce point, du point de vue d'une théorie de la conscience du corps élaborée notamment à partir des techniques du corps chinoises et japonaises, par Richard Shusterman dans l'ouvrage déjà cité, *Conscience du corps. Pour une soma-esthétique*.

concerne pas seulement les mouvements effectués ainsi que les sensations et les intentions qui y sont associées, mais aussi, et plus profondément, l'image globale que nous nous faisons de notre corps et la manière dont nous nous positionnons dans l'espace. C'est un fait bien connu que nous disposons tous d'une image globale de nous-mêmes qui nous fournit une connaissance immédiate de la position de nos différents membres dans l'espace, des distances qui les séparent les uns des autres, et de la manière dont ils peuvent être mobilisés pour atteindre, toucher, pousser, écarter ou saisir les objets situés dans l'espace extérieur. Cette connaissance immédiate de l'espace occupé par notre corps, nos membres, et de leur rapport avec l'espace extérieur est appelée « schéma corporel »[1]. Cette connaissance immédiate repose sur des habitudes qui peuvent être modifiées, et étendues à l'usage d'outils ou d'armes. Un bon artisan se rapportera à ses outils comme des prolongements naturels de ses membres et aura une connaissance immédiate des distances qu'il entretient avec les matières premières auxquels ils doivent être appliqués ainsi que des opérations qui doivent être effectuées. En outre, il étendra pour ainsi dire ses sensations internes aux limites externes de l'instrument, en ressentant les propriétés des matériaux selon qu'ils produisent tel ou tel effet sur l'outil. De même, un conducteur peut ressentir des frissons quand sa voiture frôle un obstacle, comme si la limite de sa peau coïncidait avec celle de la carrosserie... Ce qui est vrai des outils ou des moyens de locomotion l'est également des armes, et l'objectif de tous les arts martiaux qui en font usage est de ne faire plus qu'un avec elles, c'est-à-dire de les intégrer dans le schéma corporel. Mais les techniques à mains nues elles aussi

---

1. Sur ce point, comme sur le rapport de l'intentionnalité corporelle et de l'intentionnalité consciente, on peut se reporter à la *Phénoménologie de la perception* de Maurice Merleau-Ponty.

impliquent des transformations, qui peuvent être profondes, du schéma corporel.

Dans un art martial comme le Wing Chun, c'est bien une transformation globale du schéma corporel qui est entreprise. La transformation de la posture et de l'équilibre implique une transformation de la connaissance immédiate de la position du corps et des membres dans l'espace, ainsi que celle des distances à parcourir par des déplacements pour toucher la cible avec des frappes de pieds ou de mains (coup de paume, de tranchant, de poing, de pouce ou encore de doigts). Étant donné que le schéma corporel repose sur l'intégration de différentes habitudes, et par là même, sur un système de compétences et de savoir-faire, c'est une transformation profonde et systématique qui est engagée. Et dans la mesure où elle doit être dirigée par une attention consciente et par un effort de correction d'anciennes habitudes on peut comprendre que le Wing Chun fasse usage de représentations géométriques globales du corps au moyen de la théorie de la « ligne centrale » (en le découpant selon une ligne horizontale médiane, une ligne verticale médiane et une ligne centrale). Une telle représentation a pour fonction, d'une part, de rendre conscient et problématique ce qui est d'ordinaire tenu pour acquis et non problématique (les modalités d'occupation de l'espace par le corps), et d'autre part, de fournir un modèle global à partir duquel les différents efforts de correction des habitudes peuvent être coordonnés et contrôlés réflexivement. On peut penser que l'une des fonctions du mannequin de bois est également de participer à la transformation du schéma corporel en aidant à incorporer la connaissance des angles de pressions qui suffisent à produire des déviations adaptées et à les coordonner avec les frappes tout en aidant à incorporer les automatismes relatifs aux déplacements et aux rotations connexes[1].

Si les arts martiaux méritent d'être considérés comme des arts, c'est aussi parce qu'ils ont inventé des techniques pour transformer ce qui semble le plus difficile à transformer dans un corps : des réflexes et des habitudes aussi profondes que celles qui structurent le schéma corporel. Et l'on voit avec le Wing Chun que même les habitudes qui semblent le plus aller de soi, et qui semblent disposer de la plus grande inertie, peuvent être transformées dans un processus qui donne toute sa place au contrôle réflexif de l'action. C'est aussi pour cela qu'il faut refuser l'opposition des habitudes et de la réflexion. Même si le but est effectivement d'être dirigé autant que possible par les habitudes dans un combat, et aussi peu que possible par la réflexion, celle-ci doit jouer un rôle dans le processus de transformation des habitudes s'il doit produire les habitudes intelligentes et intégrées qui parviendront à prendre efficacement le contrôle de l'action dans une situation de combat et rendre la réflexion inutile.

agir et non agir

Chaque société et chaque culture tend à produire des techniques du corps particulières, mais dans le vaste ensemble que composent ces techniques, c'est sans doute aux arts martiaux que l'on doit d'avoir créé les techniques du corps les plus élaborées, les plus systématiques, et c'est sans doute eux qui ont montré de la façon la plus frappante que « nul ne sait ce que peut un corps »[2]. Comme nous venons de le voir, les transformations du corps qui sont entreprises dans le processus d'apprentissage

---

1. On visionnera une vidéo de la forme du mannequin de bois exécutée par Yip Man en suivant ce lien : https://www.youtube.com/watch?v=94jAQXoz0E4
2. Pour citer une thèse célèbre de Spinoza dans son *Éthique*.

des arts martiaux remettent en cause de différentes manières des préjugés largement partagés (y compris par les philosophes) sur les transformations que peut subir un corps. Il en résulte que les catégories et les formes de pensée qu'on utilise pour décrire ce qui se produit dans ce processus d'apprentissage sont souvent inadaptées. D'où les différentes incompréhensions et erreurs d'interprétations qui sont si fréquentes chez les pratiquants aussi bien que chez ceux qui observent ou étudient les arts martiaux de l'extérieur. La nature des mouvements du corps est l'objet d'incompréhensions et erreurs d'interprétations analogues.

J'ai déjà noté que certains pratiquants croient que leurs mouvements sont exécutés instinctivement ou par réflexe parce qu'ils confondent les automatismes relevant de l'habitude avec ceux qui relèvent de l'instinct ou du réflexe. Une autre représentation étrange du mouvement, que l'on trouve dans certains arts martiaux internes ainsi que dans le Wing Chun, conduit à distinguer des mouvements passifs et actifs. Telle technique consisterait en un mouvement actif alors que telle autre serait un mouvement passif. Ou encore, une même technique pourrait être exécutée soit comme un mouvement actif soit comme un mouvement passif. Tous les mouvements volontaires (exception faite du cas d'une chute volontairement incontrôlée...) supposent pourtant une mobilisation de force musculaire et donc une activité. L'idée étrange que les arts martiaux cultiveraient également des mouvements passifs provient de deux contresens. Le premier renvoie à l'exigence d'une décontraction des muscles non nécessaires. Mais, comme je l'ai déjà souligné, il est impossible que tous les muscles soient totalement relâchés dans un mouvement volontaire. Le second provient d'une confusion entre, d'une part, la transformation d'une technique en une autre sous l'effet d'une force externe et, d'autre part, la transformation d'une technique active en une technique passive. C'est un fait qu'un mouvement peut être déformé par la force exercée sur lui par un adversaire ou un partenaire d'entraînement, et qu'il est possible de résister à cette déformation ou de la contrôler en transformant la technique qui organisait initialement le mouvement en une autre. Un coup de poing du Wing Chun peut ainsi être transformé en une technique de déviation nommée Bong Sao s'il rencontre un autre coup de poing qui exerce une force qui s'applique sur l'extérieur du bras et qui initie un mouvement de rotation qui conduit le coude à s'élever au-dessus du poing[1]. On peut dire que le coup de poing actif est transformé en un Bong Sao passif dans la mesure où cette transformation est subie, mais il n'est pas passif ni au sens où cette transformation ne ferait l'objet d'aucun contrôle (elle est contrôlée ou bien par l'habitude ou bien par l'intention consciente), ni au sens où aucun muscle n'interviendrait dans ce contrôle. Sans conservation d'une pression vers l'avant, il serait impossible d'équilibrer la force exercée par le coup de poing que le Bong Sao a pour objectif de dévier. Le bras donnant le coup de poing aurait simplement perdu le contrôle de la ligne centrale ou se serait totalement déstructuré et aucun Bong Sao n'aurait été exécuté. Il s'agit là d'une évidence, mais elle ne frappe pas les esprits de ceux qui pensent qu'il faut distinguer des Bong Sao actifs et passifs, et qui s'exercent à effectuer seuls, sans donc que leur mouvement soit suscité par la rencontre d'une résistance, des « Bong Sao passifs » !

Voilà une illustration particulière d'une erreur d'interprétation plus générale des principes taoïstes intégrés dans les arts martiaux chinois. Les arts martiaux sont à la recherche de réactions spontanées adaptées aux situations de combat et l'idée taoïste

---

1. On a déjà indiqué dans une note précédente un lien renvoyant à une explication du principe de cette technique, en voici un autre, ainsi que différents développements possibles : https://www.youtube.com/watch?v=ffKR4Wuh1oc

de non-agir leur a fourni un modèle pour penser la nature et la spécificité de cet objectif. L'idée taoïste d'un agir sans agir exprime l'idéal d'une action épousant le rythme immanent de la nature, sans chercher à la transformer de façon forcée. Dans des textes comme le *Tchouang Tseu*, on constate qu'elle renvoie tantôt à l'idée d'une action sans intention, tantôt à celle d'une action qui laisse l'intention se réaliser sans effort pour la réaliser. Dans certaines écoles de Tai Chi, on se réfère à l'idéal du non agir entendu en ces deux sens. On explique en effet que la forme codifiée peut être pratiquée de trois manières qui correspondent aux trois degrés du processus d'apprentissage. Le débutant cherchera à exécuter l'enchaînement des techniques en se concentrant sur la nature des gestes à effectuer et sur les efforts musculaires requis. Le pratiquant avancé pourra exécuter l'enchaînement sans effort, guidé par la simple intention, la coordination musculaire et l'adéquation des gestes et des mouvements aux intentions ne faisant plus problème. Le pratiquant accompli, quant à lui, n'aura plus même besoin de l'intention d'enchaîner les techniques, les gestes et les mouvements étant censés entrer en totale harmonie avec les énergies internes et cosmiques, et ces dernières étant censées avoir pris le contrôle du mouvement. En faisant un avec son corps en mouvement, il n'en serait plus séparé par la projection dans le futur, fût-il immédiat, d'une intention, et il ferait également un avec l'univers.

Que se passe-t-il si l'on souhaite décrire le processus d'apprentissage du Tai Chi, tel qu'il s'exprime dans la progression de ces trois niveaux de pratique, sans recourir à la métaphysique et à la cosmologie taoïstes? Pour s'approprier un nouveau mouvement ou un nouveau geste, il faut souvent produire un effort musculaire associé à un contrôle par l'attention tout aussi intense, d'une part parce que la musculature adéquate n'a pas nécessairement été développée, d'autre part parce que la coordination musculaire n'est pas encore devenue assez habituelle pour que l'intention corporelle corresponde à l'intention consciente. Non seulement il faut produire un effort musculaire particulier, mais en outre, il faut le contrôler par une attention au mouvement ou au geste effectué et par une comparaison avec le résultat à atteindre. Cet effort musculaire et cette concentration disparaissent effectivement quand le mouvement ou le geste est devenu habituel. D'où la différence entre le premier et le deuxième niveau de pratique. Cependant, ce n'est pas parce que le sentiment d'exercer une force disparaît dans le deuxième niveau de pratique que le mouvement n'est plus dirigé par des forces musculaires mais seulement par l'intention consciente. Par ailleurs, ce n'est pas parce qu'un mouvement n'est pas dirigé par des choix conscients, comme dans le troisième niveau de pratique, que l'enchaînement est exécuté sans intention. Si l'on admet qu'il existe une intention corporelle, contrôlée par des habitudes, on devra plutôt dire que la spécificité du troisième niveau de pratique tient au fait que non seulement les techniques enchaînées sont exécutées par habitude, mais que l'enchaînement l'est lui aussi. Et tel est bien ce qui me semble être l'objectif des arts martiaux : créer des habitudes flexibles, intelligentes et intégrées, plutôt que des routines mécaniques, qui permettent aux techniques de s'enchaîner en fonction du contexte, dans un flux qui donne le sentiment d'être « comme de l'eau ». On pourrait également dire qu'il s'agit de produire des habitudes qui puissent s'enchaîner harmonieusement les unes avec les autres dans une situation de combat, de telle sorte que le pratiquant ne fasse qu'un avec cet enchaînement, ou qu'il soit en complète harmonie avec elles, et que cet enchaînement soit totalement ajusté aux évolutions de la situation, ou qu'il soit en harmonie avec l'environnement. Ici encore, les idées d'absence de force, d'absence d'intention, d'harmonie avec soi et avec le monde sont des images qui doivent être interprétées, et qui ne peuvent trouver de traduction rationnelle que si on les rapporte aux situations auxquelles les arts martiaux doivent préparer : des situations violentes dans lesquelles le but recherché n'est pas tant de conserver un rapport harmonieux avec soi et avec le monde, que de donner des réponses adaptées qui souvent vont de pair avec la destruction de ce qu'un environnement violent a d'insupportable. L'harmonie propre au monde idéal de la pratique solitaire d'une forme codifiée ne doit pas faire oublier la dysharmonie des situations auxquelles elle prépare.

Dans tous les arts martiaux, la distinction des trois niveaux de pratique peut être utilisée, à condition qu'on lui donne un sens différent que celui que lui confère la métaphysique taoïste. Cette distinction permet de comprendre que les formes codifiées doivent être interprétées comme des instruments qui rempliront différentes fonctions au cours du processus d'apprentissage en fonction du niveau atteint par le pratiquant. Dans un premier temps, elles constitueront des instruments pour apprendre et mémoriser des techniques isolées et pour implanter les coordinations musculaires requises pour leur exécution. Dans un second temps, elles deviendront des instruments pour apprendre à ne mobiliser que les muscles nécessaires et pour développer ainsi la vitesse et la puissance d'exécution, de même que pour créer des habitudes coordonnées. Dans un troisième temps, elles deviendront des instruments pour apprendre à se laisser diriger par ces habitudes coordonnées. Cette distinction des trois niveaux de pratique permet également de comprendre que la logique du processus d'apprentissage, où l'autodiscipline, l'effort et la concentration jouent un rôle décisif (premier et deuxième niveaux), est en contradiction avec le résultat escompté : des réactions spontanées, échappant partiellement au contrôle conscient. D'où les contresens possibles sur l'ensemble du processus d'apprentissage, lorsqu'on le définit à partir du but visé sans voir qu'il faut mettre en œuvre des moyens qui semblent contradictoires avec lui, ou qu'inversement on ne voit plus que les moyens mis en œuvre en oubliant les fins qui justifient cette mise en œuvre. Le but est d'atteindre une capacité à combattre qui semble comparable avec les réactions instinctives des animaux, ce qui fournit sans doute une part de l'explication de l'importance des styles zoomorphes dans les arts martiaux chinois. Mais c'est une erreur de croire que les formes codifiées ont pour fonction de nous apprendre à imiter les mouvements des animaux, ou de créer une harmonie entre nos façons de combattre et celles des animaux. Il n'y a pas de moyen naturel d'atteindre une manière de combattre qui ressemble à l'adaptation spontanée des animaux à leur environnement. Le seul moyen de produire des habitudes flexibles et hautement adaptées est un processus d'apprentissage artificiel et hautement élaboré dans lequel les formes codifiées remplissent elles-mêmes différentes fonctions, dont celle d'incorporer de nouvelles formes d'intentionnalité corporelle, tout en restant des outils pédagogiques parmi d'autres.

L'idée d'agir sans agir prend également une autre signification dans les arts martiaux qui est liée à l'idée d'équilibre entre activité et passivité (*Yang* et *Yin*). Alors que l'idée d'action est spontanément associée à l'idée d'activité, et que la vitesse et la puissance d'une action évoquent l'intensification de l'activité qu'elle contient, les arts martiaux cherchent également à cultiver ce qui dans l'action relève de la passivité pour augmenter sa puissance. J'ai déjà expliqué en quoi peut consister ce moment passif dans le Wing Chun : dévier une force, céder face à une force trop grande, frapper tout en cherchant à décontracter autant de muscles que possibles. Ces principes, sous d'autres formes, sont à l'œuvre dans d'autres arts martiaux asiatiques. On peut donc comprendre que les arts martiaux chinois aient pu utiliser l'idée de non-agir pour expliciter une de leurs spécificités qui concerne tout à la fois la stratégie (qui ne compte pas sur un surcroît d'activité – on retrouve en ce sens la stratégie du non-agir dans l'art de la guerre tel qu'il est exposé sous sa forme classique chez Sun Tseu) et l'efficacité du mouvement. J'ai déjà critiqué les mauvaises interprétations auxquelles l'idée d'un équilibre entre activité et passivité peut donner lieu (idée qu'il faut conserver son impassibilité dans le combat par exemple). Ce que je voudrais souligner maintenant, c'est l'originalité de la conception de l'action qui résulte de l'attention portée à son moment passif.

une autre conception de l'action

Il est difficile de ne pas penser l'action sans se référer à des oppositions comme activité et passivité, ou agir et pâtir. Dès lors, il n'est pas étonnant qu'une action dans laquelle le moment de la passivité ou du pâtir semble déterminant soit conçue comme une non-action, ou un non-agir. En ce sens, le concept de « non-agir », bien distingué dans le taoïsme classique de l'idée d'inactivité ou de repos, mais associé au contraire au thème d'un agir par le non-agir, semble susceptible de décrire adéquatement la spécificité des actions cultivées dans les arts martiaux. Le problème est qu'un tel concept continue de penser l'action en général à partir de l'opposition de l'activité et de la passivité là où le type d'action particulière qu'il s'agit de décrire pourrait conduire à en remettre en cause la pertinence générale.

Une action comporte toujours une activité, mais on peut considérer, comme certains philosophes l'ont fait, qu'elle comporte toujours également une dimension de passivité parce qu'elle est toujours affectée par l'environnement dans lequel elle se déroule et qu'elle doit toujours s'adapter à lui pour atteindre son objectif[1]. Plus une action s'adapte à son environnement, et plus elle est modifiée par cet environnement au cours de cette adaptation, plus donc le moment de passivité en elle est important. Les actions exécutées par les pratiquants d'arts martiaux apparaissent spontanément comme les plus actives des actions possibles et elles suscitent la fascination pour cette raison : elles sont l'un des ingrédients principaux des « films d'action » (l'ingrédient qui définit le sens d'une expression comme « il y a de l'action »). Et pourtant, elles sont sans doute celles qui cultivent le plus la dimension adaptative de l'action, c'est-à-dire le moment passif de l'action. Le paradoxe des actions les plus actives et les plus passives à la fois peut-être formulé au moyen de l'idée d'agir par le non-agir, mais il devrait également nous conduire à renoncer à l'idée que l'action puisse être définie comme une activité opposée à une passivité, comme un agir opposé à un pâtir ou un non-agir.

Il existe d'autres caractéristiques essentielles de nos conceptions communes de l'action que l'analyse des mouvements cultivés par les arts martiaux conduit à remettre en question. C'est une idée partagée qu'une action est un type de comportement particulier qui se caractérise par le fait qu'il est guidé par une intention consciente et qu'il a un début et une fin : une action commencerait par le choix de poursuivre un objectif et elle s'achèverait quand cet objectif a été atteint ou manqué. Cette idée généralement admise semble mal s'appliquer

---

1. C'est le sens de la définition de l'action, et plus généralement de l'expérience, comme interaction avec l'environnement chez John Dewey. On lit ainsi à la page 141 de *Reconstruction en philosophie*, ouvrage déjà cité : « L'organisme agit en accord avec sa propre structure, quelle qu'elle soit, simple ou complexe, sur son environnement. En retour les changements produits sur l'environnement réagissent sur l'organisme et ses activités. La créature vivante subit les conséquences de sa propre conduite et en souffre. Ce rapport étroit entre faire, souffrir et subir forme ce qu'on appelle expérience ».

aux types d'actions que les arts martiaux cherchent à rendre possibles. L'objectif est de donner le moins de place possible aux choix et aux intentions conscientes, et le plus grand rôle possible aux intentions corporelles contenues dans des habitudes flexibles et intelligentes. Cela ne signifie pas que l'intention consciente et le choix ne jouent pas de rôle, mais que leurs rôles sont ponctuels et qu'ils ne peuvent donc pas caractériser l'ensemble de la séquence qu'il faut bien pourtant appeler action. Ce qui fait l'unité de cette séquence n'est donc pas à chercher du côté de l'intention consciente, mais plutôt du côté des intentions corporelles organisées par l'habitude. Or, si l'on en croit les distinctions ordinaires, le comportement dirigé par la seule habitude ne relève pas à proprement parler de l'action. Nous butons de nouveau sur un paradoxe, ce qui semble moins qu'une action, si l'on oppose le comportement dirigé par l'habitude et celui qui est vraiment une action, apparaît aux yeux de tous comme l'action par excellence, en raison de son organisation fonctionnelle impressionnante, de sa coordination parfaite et sa capacité à atteindre des objectifs qui semblaient inatteignables : l'action au sens des films d'action [1] !

J'ai déjà donné la solution de ce paradoxe. Elle consiste à définir l'action par l'intention non consciente, ce qui revient à conserver la définition de l'action par l'intention, tout en entendant le terme d'intention autrement qu'au sens habituel de l'intention consciente. Mais le problème se pose alors de savoir ce qui fait l'unité de l'action en délimitant son début et sa fin. En effet, on a vu que lorsqu'« il y a de l'action » dans les pratiques martiales, nous avons affaire à une multitude de mouvements et de

---

1. Si cela semble illégitime à mes lecteurs, j'indique que je ne suis pas le premier à suggérer que le sens du concept d'action est éclairé par ce qu'on entend par action dans les films d'action. Le sociologue Erwin Goffman l'a fait dans le deuxième volume de *La mise en scène de la vie quotidienne*, Paris, Minuit, 1973.

gestes qui peuvent intervenir dans une succession de déviation et de frappes, d'absorption et de contre-attaques. Chaque séquence de l'interaction avec le partenaire ou l'adversaire mobilise différentes intentionnalités corporelles, coordonnées par des habitudes. Comment justifier le sentiment que l'ensemble de ses séquences constitue une action si l'on définit l'unité d'une action par un début et une fin ? Faut-il dire que l'action de dévier un coup et celle consistant à frapper simultanément constituent deux actions différentes, parce qu'elles sont dirigées par des intentions corporelles différentes, ou bien au contraire qu'elles sont les composantes d'une seule et même action, parce que les habitudes qui les dirigent sont intégrées ? Faut-il dire que l'action d'absorber une attaque (au moyen d'une rotation du corps qui pourrait être accompagnée d'une déviation et d'une frappe) constitue une action, et que la contre-attaque qui suit (et qui pourrait consister en un déplacement accompagné de frappes) en constitue une autre, ou bien au contraire qu'elles constituent deux phases d'une même action puisque la seconde n'est que le prolongement de la première qui la contenait déjà en puissance en elle. En d'autres termes, comment rendre compte du fait que l'interaction martiale la plus efficace est vécue comme un flux constant, et que l'apprentissage des arts martiaux vise à produire une unité aussi grande que possible dans un ensemble d'actions et de réactions ? Il n'est d'autre manière de le faire que de se référer non plus à une intention, mais à un processus d'interaction pour définir ce qui fait l'unité d'une action. C'est un certain type de processus d'interaction avec les différents facteurs d'une situation violente, dirigé par un ensemble d'habitudes ajustées à cette situation, qui définit l'unité de la succession des mouvements pendant la séquence d'un combat lié à une agression (séquence très différente de celle d'un combat sur le ring, ou se succéderont sans aucun doute de nombreuses actions définies par des séquences déplacements-séries de frappe-dégagements, feinte-frappes, parades-ripostes). Il en résulte également qu'il sera difficile de déterminer à quel moment exactement cette interaction commence : lorsque les mouvements commandés par les habitudes sont exécutés ? Lorsque ces habitudes sont activées pour analyser la situation potentiellement violente et se préparer à y répondre de façon appropriée ? De même, la question de la fin de l'action restera nécessairement problématique : est-elle définie par le fait que le flux des mouvements est interrompu ou lorsque d'autres habitudes reprennent le contrôle de l'action ? Si je pense avoir assez frappé un adversaire pour le neutraliser ou le dissuader, que ses mouvements m'indiquent que tel n'est pas le cas, et que j'ajoute une série de frappes, s'agit-il d'une ou de deux actions ?

En définitive, la définition de l'unité de l'action par l'identification d'un début et d'une fin s'avère aussi insuffisante que celle qui fait de l'existence d'une intention le critère de l'unicité de l'action. Si l'on prend au sérieux le fait que l'action est un mixte d'agir et de pâtir, il n'est d'autre moyen pour définir l'unité d'une action que d'identifier le type d'interaction qui se développe en elle, c'est-à-dire le type d'habitude qui coordonne l'agir et le pâtir. Et dans ce cas, il n'est d'autre manière de définir le début et la fin d'une action que par le type d'habitude qui prend le contrôle du comportement. Mais cela implique également que l'identification de commencement et de la fin de l'action est partiellement indécidable, parce qu'il est difficile de déterminer quand tel ou tel type d'habitude en vient à prédominer. On aurait sans doute pu parvenir à ces résultats, qui contredisent nos conceptions communes de ce qu'est une action, sans partir des arts martiaux, mais les arts martiaux permettent d'y parvenir plus facilement. Les conceptions communes sont calquées sur des actions simples et peu intégrées, et c'est pourquoi elles sont particulièrement inadaptées aux actions complexes et intégrées que cherchent à promouvoir les arts martiaux. Cela prouve en fait que le monde de l'action et beaucoup plus riche que ce que nous associons spontanément à l'idée d'action. C'est un défi philosophique qui semble avoir été rarement relevé que de chercher à en rendre compte dans toute cette richesse.

chapitre 4
les arts martiaux
comme travail et comme art

Dans les chapitres précédents, j'ai expliqué que le processus d'apprentissage des arts martiaux est particulièrement exigeant, en temps et en efforts, aussi bien pour les élèves que pour les instructeurs. Cela revient en fait à dire que la pratique d'un art martial est un travail et il n'est donc pas insignifiant que « Kung Fu » désigne en chinois une forme d'excellence obtenue par un dur travail. Comprendre qu'aucun résultat satisfaisant ne pourra être obtenu sans un tel travail fait d'ailleurs partie du processus d'apprentissage. Ce travail consiste principalement en efforts en vue de contrôler et de rectifier les mouvements exécutés, en vue de dépasser ses limites physiques, techniques et psychologiques, mais aussi en efforts en vue de mieux comprendre le sens et la cohérence de ce qu'on apprend.

Dépeindre la pratique des arts martiaux en travail pourra sembler paradoxal aux yeux de ceux qui la conçoivent comme une activité de loisir destinée à se changer l'esprit et à entretenir son corps une fois terminée la journée de travail, comparable en cela à n'importe quelle activité sportive. Pourquoi occuper ses loisirs par une activité supposant effort et discipline pour se distraire des efforts et de la discipline de l'activité professionnelle ? Plus généralement, quel est l'intérêt des arts martiaux s'ils sont si exigeants et si leurs résultats les plus désirables sont si longtemps différés dans un processus d'apprentissage long et difficile ? Il n'est pas si facile de répondre à ces questions !

Il y a certainement quelque chose de paradoxal à affirmer que les arts martiaux sont avant tout du travail, mais ce paradoxe se dissout dès que l'on comprend qu'ils relèvent du travail autant que de l'art, en d'autres termes, que le travail qu'ils imposent est doté d'une valeur intrinsèque. Il s'agit en fait d'un travail analogue à celui qu'il est nécessaire de fournir pour assurer la maîtrise d'un art quel qu'il soit. Ce paradoxe repose en fait sur une opposition artificielle entre travail et art, une opposition qui présuppose une conception restrictive du travail autant que de l'art, en entendant par « travail » le labeur dénué de sens et par « art » les beaux-arts par opposition aux arts utilitaires. Le concept de travail doit pourtant être entendu en un sens plus large si l'on admet par exemple que l'artiste tout autant que l'artisan travaille. De même qu'un artisan a besoin de beaucoup de travail pour développer les habitudes qui lui permettront de réaliser sa production « avec art », de même, il est évident qu'il est impossible de devenir un bon joueur de piano ou de violon sans un travail long et difficile. Par ailleurs, on peut douter que l'opposition des beaux-arts et des arts utilitaires soit absolue : lorsque l'artisan réalise un chef-d'œuvre, n'est-il pas engagé dans une expérience dotée de qualités esthétiques et ne produit-il pas un objet utile qui pourra être jugé beau ? N'est-il pas engagé dans la recherche d'une sorte de perfection formelle qui déborde l'objectif de produire un objet utile et qui rapproche son activité de celle de l'artiste au sens étroit du terme ?

J'ai déjà suggéré que les arts martiaux peuvent être considérés tout à la fois comme des arts utilitaires (quoi de plus utile que de pouvoir défendre sa vie et celle de ceux qu'on aime ?) et comme des beaux-arts au sens où ils peuvent être cultivés pour eux-mêmes et non simplement pour leur finalité pratique directe. Je me conçois personnellement comme une personne qui consacre sa vie à un art qu'il aime, et je suis fier de pouvoir enseigner cet art à des milliers de personnes en leur permettant de percevoir sa perfection interne, on peut également dire sa beauté. Mais il me semble important d'insister autant sur les valeurs du travail que sur celles de l'art. Il est hors de question pour moi de dissimuler le travail derrière l'art, en donnant l'impression à mes élèves qu'il est plus facile de maîtriser cet art que d'atteindre un haut niveau au piano ou au violon.

transformation de soi et confrontation au réel

Dans mes séminaires, j'insiste sur le fait que l'excellence dans un art martial comme le Wing Chun requiert beaucoup d'entraînement personnel, beaucoup de temps dépensé dans les cours et des séminaires, beaucoup de persévérance et de motivation pour pouvoir entretenir une pratique régulière et supporter la pénibilité et la lassitude qui sont inévitables. Tout cela signifie que l'excellence visée par la pratique ne peut être atteinte sans beaucoup de travail. Il vaut la peine de souligner cette dimension du processus d'apprentissage pour lutter contre la charlatanerie qui est si développée dans le monde des arts martiaux et que j'ai évoquée dans le premier chapitre. Dans ce monde, on trouve diverses espèces de pratiquants sur clavier qui semblent passer leur vie sur des forums dédiés à expliquer l'étendue de leurs pouvoirs et de leurs savoirs. On trouve également toutes sortes de « grands maîtres » autoproclamés dont certains promettent monts et merveilles à ceux qui achèteront leur programme d'apprentissage par vidéo ! Ces personnages se caractérisent généralement par leur manque d'expérience des combats réels (ils sont au mieux des combattants de salle d'entraînement, et parfois seulement des combattants sur vidéo ou sur clavier) et par leur manque de travail. Profondément ancrée dans le monde des arts martiaux est également la croyance suivant laquelle l'excellence martiale est affaire de dons (comment des actions qui semblent hors du commun pourraient-elles être réalisées par des individus ordinaires ?), ou d'imprégnation douce et régulière sur la durée (comme par exemple la répétition indéfinie des mêmes formes codifiées) plutôt qu'affaire de travail à proprement parler. C'est pourquoi il faut souligner l'importance du travail : un pratiquant sans dons ou facilités particulières attendra un niveau infiniment supérieur à un pratiquant doté d'exceptionnelles prédispositions s'il travaille plus sérieusement que lui.

Il est vrai que, par ailleurs, le fait que la qualité du processus d'apprentissage dépende de la nature du travail effectué est assez souvent reconnu dans le monde des arts martiaux. La plupart du temps, les pratiquants sont conscients que leur niveau dépend de la quantité et de la qualité du travail qu'ils ont effectué, et que le seul moyen de dépasser leurs limites physiques et techniques est de travailler davantage. Il est facile de prétendre avoir atteint le niveau de maîtrise qu'on voudrait atteindre lorsqu'on est un pratiquant sur internet ou lorsqu'on est dans la position de l'instructeur qui peut tirer avantage de son autorité sur ses élèves. Mais tout pratiquant honnête avec lui-même connaît ses limites et sait que c'est par l'effort, la discipline et la patience qu'il parviendra à les dépasser. Il sait que ne pas se mentir à soi-même signifie travailler sur soi-même pour devenir celui qu'on prétend vouloir être. L'une des spécificités de l'éthique confucéenne, dont les arts martiaux chinois ont hérité, est certainement de donner un rôle plus grand que toute autre doctrine éthique à la vertu de sincérité[1]. Dans les arts martiaux, la vertu de sincérité à l'égard de soi-même est centrale, et elle s'accompagne, comme chez Confucius, d'une centralité conférée au travail sur soi. Selon l'une des paroles dans Confucius rapportée dans la *Grande étude* : « Depuis le Fils du Ciel jusqu'au plus humble particulier, chacun doit avant tout se perfectionner soi-même ». L'éthique de la sincérité à l'égard de soi-même participe en effet d'une éthique du travail au sens où elle explique l'échec par un manque de travail : face à la déception de ne pas parvenir à progresser conformément à ses espérances, ou de ne pas parvenir à relever les défis qu'on s'était fixés, on ne peut que se reprocher de ne pas avoir travaillé assez. Inversement, cette éthique associe le travail à une condition *sine qua non* si l'on veut atteindre les objectifs qu'on s'est fixés. Le devoir de sincérité envers nous-même nous commande de faire ce qui dépend de nous pour atteindre nos objectifs, et faire ce qui dépend de nous, cela se réduit en définitive à travailler.

Il arrive souvent aux instructeurs de féliciter leurs étudiants pour le « bon travail » qu'ils ont effectué durant l'entraînement, mais comment distinguer du « bon » et du « mauvais » travail dans les arts martiaux ? La question est rarement posée. Pour y répondre, on peut repartir d'une définition générale du travail. Dans tout travail, un matériau est transformé au cours d'un processus qui requiert de la concentration, de la discipline, un effort et un engagement personnel, ainsi que l'usage d'instruments. Le processus d'apprentissage des arts martiaux relève du travail au sens où il consiste en un processus de transformation de soi. Il suppose en effet un travail de transformation de son corps

---

1. On lit ainsi dans le chapitre 6 de la *Grande Étude*, qui se compose d'un canon, attribué à Confucius, et d'un commentaire en dix chapitres attribué à Zengzi, l'un de ses principaux disciples : « Ce que Confucius appelle "rendre sa volonté parfaite", c'est ne pas se tromper soi-même ; comme avoir en aversion une odeur fétide, aimer une chose vraiment belle, c'est ne pas se tromper ».

biologique, de ses habitudes, de ses sensations, de ses émotions, et également de sa manière d'analyser ce qui est en jeu dans l'apprentissage. En d'autres termes, il fait intervenir un travail physique, un travail émotionnel, un travail intellectuel, et un travail sur les habitudes de sentir et d'agir. Dans chacun de ces différents travaux, la concentration, la discipline, l'effort et l'engagement personnel sont requis. Par ailleurs, le processus d'apprentissage fait intervenir différents exercices dont il est important de comprendre, comme je l'ai souligné plus haut, qu'ils ne sont pas des méthodes de combat mais seulement des instruments au service de la transformation de soi. Les formes codifiées, les mains collantes, les exercices d'application des techniques, le *sparring*, le *shadow boxing*, tout cela relève non pas d'imitations du combat réel, mais d'instruments d'un travail sur soi qui permettra de produire les habitudes qui prépareront au combat réel. Il en résulte qu'apprendre un art martial ne signifie pas seulement apprendre un art du combat, mais aussi apprendre quel est le meilleur usage des instruments qui permettent d'apprendre cet art. Ce qui distingue le bon et le mauvais travail dans les arts martiaux, c'est d'une part que toutes les dimensions de la transformation de soi requises par les objectifs visés soient l'objet d'une même attention, et c'est d'autre part que les moyens appropriés pour atteindre ces objectifs soient mis œuvre, ce qui signifie que les différents instruments dont les arts martiaux peuvent faire usage soient utilisés du mieux possible.

Que les formes codifiées soient des instruments dans un travail de transformation de soi, cela semblera sans doute contre-intuitif à de nombreux pratiquants, d'une part parce qu'ils tendent à leur conférer une valeur absolue (alors que la valeur d'un instrument est toujours relative aux effets qu'il produit), d'autre part parce qu'ils pensent que l'idée d'instrument désigne une relation mécanique (alors que le rapport aux formes codifiées doit être organique ou existentiel). Ici encore, le problème tient à des conceptions trop étroites des termes du problème. En effet, l'idée d'instrument désigne une relation plus riche qu'une relation strictement mécanique. L'artisan et l'artiste n'entretiennent-ils pas une relation organique avec leurs instruments ? Ne font-ils pas un avec leurs instruments, et n'est-ce pas ainsi qu'ils parviennent à faire le meilleur usage possible de ces instruments en les maniant avec art ? Par ailleurs, la pratique des formes codifiées n'a-t-elle pas pour objectif de faire franchir des étapes spécifiques dans le processus d'apprentissage, c'est-à-dire de produire certains types de transformations ? L'enjeu n'est-il pas d'en faire le meilleur usage possible, afin qu'elles nous permettent d'atteindre ces objectifs ?

Que des formes codifiées aient pour fonction d'atteindre des objectifs spécifiques dans le processus d'apprentissage, et que ce soit seulement en en faisant un bon usage que l'on puisse parvenir à atteindre ces objectifs, c'est ce que j'ai déjà suggéré en parlant des différents niveaux de la pratique de la forme codifiée en Tai Chi. Les formes codifiées du Wing Chun fournissent également une bonne illustration. Les trois premières formes, à mains nues, sont associées chacune à une étape particulière du processus d'apprentissage. Elles permettent de s'approprier des techniques différentes ainsi que des principes stratégiques différents. La qualité de ces étapes de l'apprentissage dépendra de celle de l'usage instrumental qui sera fait de ses formes : instrument d'apprentissage de techniques et d'enchaînements spécifiques, instrument de mise en place des coordinations musculaires adaptées, instrument d'autocorrection des modalités d'exécution technique. La même chose pourrait être dite de la quatrième forme qui, quant à elle, fait intervenir un instrument au sens d'un outil : un mannequin de bois. Elle est associée à de nouveaux principes stratégiques, à des nouvelles techniques, à de nouveaux enchaînements, de nouvelles coordinations et d'autres modalités d'autocorrections puisque le corps a maintenant affaire à la résistance d'un obstacle qu'il faut contourner. La qualité de l'apprentissage dépendra également de la qualité de l'usage de cet instrument qu'est le mannequin de bois, dont la fonction n'est évidemment pas celle d'un sac de frappe... mais pas non plus seulement celle d'un obstacle à contourner.

Bon nombre de pratiquants d'arts martiaux verront dans la comparaison des formes codifiées à des instruments la marque du matérialisme d'une culture occidentale qui défigure la spiritualité orientale inscrite dans les arts martiaux traditionnels. Je leur rappellerai que le confucianisme n'avait pas le même mépris qu'eux pour ce qui est instrumental. On lit en effet chez Confucius : « L'ouvrier qui veut bien faire son travail doit commencer par aiguiser ses instruments »[1] – une maxime qui exprime bien le sens que les arts martiaux asiatiques donnent à la progressivité de l'apprentissage. Ce qu'il convient de critiquer, ce n'est donc pas tant l'instrumentalisme de la culture occidentale que les préjugés anti-instrumentalistes qui réduisent l'usage d'instrument à des relations mécaniques. Contre ces préjugés, on peut rappeler que la relation de l'instrument à l'objectif qu'il permet d'atteindre se distingue doublement de la relation mécanique de la cause et de l'effet : premièrement parce qu'elle exprime une liberté, deuxièmement parce qu'elle peut comporter différents degrés d'excellence[2]. Elle exprime une liberté dans le choix des moyens permettant au mieux d'atteindre une fin qui elle aussi peut-être librement choisie. Par ailleurs, on peut faire un usage d'un instrument d'une manière inadaptée à sa nature et aux objectifs qu'on poursuit, mais on peut également exceller

---

1. Pour se référer à un passage célèbre des *Entretiens de Confucius avec ses disciples* (XV. 9).
2. Comme l'a souligné John Dewey dans le chapitre 4 d'*Expérience et nature*.

dans l'usage d'un instrument, qu'il s'agisse d'un outil aussi rudimentaire qu'un marteau ou d'un instrument de musique.

Beaucoup des contresens commis concernant les arts martiaux proviennent d'une réticence à les considérer comme du travail. Une première forme de contresens déjà mentionnée, consiste à les concevoir comme des entreprises de découverte de soi plutôt que de transformation de soi, ou comme des transformations de soi dans le cadre de processus autocentrés plutôt que dans des interactions avec l'environnement. Alors que le Yoga ou le Chi Gong sont des arts autocentrés, dans lesquels il s'agit fondamentalement de se transformer par la découverte de soi, les arts martiaux visent à se transformer soi-même pour transformer des interactions avec l'environnement (en situation d'agression ou de violence). Ce qui est central dans le processus d'apprentissage n'est pas tant la découverte de soi (elle est un bénéfice secondaire) que le développement de nouvelles capacités qui impliqueront de nouveaux usages de son corps et de nouvelles capacités d'action, de réaction et d'adaptation. C'est en se confrontant à la réalité de la situation violente simulée dans l'entraînement qu'on apprend à développer ces nouvelles capacités. Or, cet environnement est toujours susceptible de contrarier nos intentions et l'exécution de nos techniques : les attaques auxquelles il faut répondre et la résistance exercée par les membres du partenaire d'entraînement ou par le mannequin de bois ne sont pas nécessairement celles que nous attendions, la cible ne reste pas nécessairement là où elle se trouvait, etc. La possibilité de l'échec est présente en permanence : rater la cible, prendre un coup, etc. En d'autres termes, la confrontation au réel, même s'il s'agit encore de la réalité idéale de la situation d'entraînement, est une dimension fondamentale du processus de transformation de soi. C'est cette confrontation au réel qui manque dans les arts de la transformation interne, où il est difficile de déterminer exactement ce qu'est un échec puisqu'il ne peut consister qu'en une progression moindre qu'espérée et que cette dernière peut s'expliquer par des attentes trop ambitieuses plutôt que par un échec de la pratique elle-même. C'est également cette confrontation avec le réel qui justifie l'analogie des arts martiaux avec le travail. Tout travail implique en effet une transformation de soi indissociable d'efforts pour mettre en œuvre les techniques appropriées à la transformation d'une réalité extérieure et au surmontement des résistances qu'oppose cette réalité aux transformations visées – en d'autres termes, ceux des philosophes, tout travail définit un processus d'éducation-formation de soi dont la spécificité est liée à la confrontation à l'altérité du monde extérieur[1]. D'où la possibilité constante de l'erreur et de l'échec dans un travail. D'où également le fait que le savoir-faire requis concerne également les meilleures manières de prévenir l'erreur et de la réparer pour qu'elle ne conduise pas à l'échec.

La réticence à considérer les arts martiaux comme un travail tient également à la confusion entre le processus d'apprentissage et l'objectif visé. J'ai déjà mentionné le paradoxe d'une préparation, dans le monde idéal de l'entraînement, au combat dans le monde réel. On peut donner d'autres formulations de ce paradoxe : comment serait-il possible de se préparer, au moyen de formes codifiées, à combattre de façon fluide et flexible ? Comment serait-il possible de parvenir, en se transformant soi-même au moyen d'instruments artificiels, à combattre de façon naturelle, en s'adaptant aux situations plutôt qu'en cherchant à les transformer. Comment serait-il possible de parvenir à combattre de façon spontanée, si tout l'apprentissage

---

1. C'est ainsi que Hegel, dans la section A du chapitre 4 de sa *Phénoménologie de l'esprit*, a défini le travail comme un processus d'éducation/formation impliqué dans un processus de transformation de la nature.

est basé sur la concentration et l'effort ? Tous ces paradoxes peuvent être résumés sous la forme de l'objection suivante. Comment pourrait-on sans contradiction concevoir les arts martiaux comme un travail puisque le type d'interaction avec l'environnement qu'ils cherchent à promouvoir ne contient aucune des caractéristiques qui définissent le travail : ne s'agit-il pas de s'adapter à un environnement mouvant plutôt que de le transformer, ne s'agit-il pas de développer des réponses spontanées qui excluent l'effort et la concentration propres au travail ? La réponse à cette objection est tout simplement qu'il faut distinguer le type de travail qui permet d'exceller dans un art, et le type d'activité définissant l'excellence dans cet art (le produit du travail). Il faut beaucoup de travail au pianiste pour exercer dans son art, alors même que jouer une symphonie n'est pas développer une activité dotée des caractéristiques d'un travail, de même, il faut beaucoup de travail à un pratiquant d'art martial pour parvenir à développer les réactions spontanées, hautement adaptatives et efficaces qui définissent l'excellence de son art. Dans le monde des arts martiaux, la confusion entre ce qui relève du processus d'apprentissage et de l'excellence de la maîtrise de l'art conduit certains à rejeter les formes codifiées. Il faudrait les rejeter, ainsi que tous les artifices pédagogiques, pour apprendre à combattre de façon fluide et naturelle en combattant d'emblée de façon fluide et naturelle. Il faudrait s'entraîner sans cadre par l'intermédiaire de combats non dirigés. Cela revient en définitive à vouloir apprendre à jouer du violon ou du piano en jouant directement des symphonies…

À cette confusion s'en ajoute une seconde : elle consiste à croire que la pratique des arts martiaux est avant tout celle du combat de cette manière spontanée qui ne ressemble pas à un travail. Mais, fort heureusement, un pratiquant d'art martial ne combat presque jamais. Même ceux qui sont les plus confrontés aux situations de combat réel, en raison de leur profession ou des contextes sociaux de leur existence quotidienne, consacreront à ces combats en situation réelle un temps infime en proportion du temps dépensé dans le processus d'apprentissage, si du moins ce dernier est pris au sérieux. En ce sens, pratiquer les arts martiaux, c'est se préparer à combattre plutôt qu'à combattre. Les pratiquer, c'est avant tout s'engager dans un processus d'apprentissage, et s'y engager signifie travailler. Pour poursuivre la comparaison avec le violoniste ou le pianiste de haut niveau, on pourrait dire que la proportion du temps où ce dernier exercera son art avec virtuosité, devant une audience ou pour lui-même, rapportée au temps où il travaillera pour s'y préparer, sera toujours beaucoup plus grande que la proportion, dans les arts martiaux, du temps de combat réel rapporté au temps de préparation au combat. Cela de nouveau peut sembler paradoxal : à quoi bon consacrer autant de temps, et un travail si dur, à se préparer à des combats qui ne surviennent jamais ou presque jamais ? La réponse tient au fait que ce processus d'apprentissage, ce travail qui est dépensé et la maîtrise de l'art qui s'y constitue ont une valeur intrinsèque. Cela également peut être exprimé en termes confucéens : « Le bonheur ne se trouve pas au sommet de la montagne, mais dans la façon de la gravir ». En termes moins imaginés : un travail peut procurer des satisfactions internes, qui tiennent à l'activité même de travailler, et non pas seulement des satisfactions externes qui tiennent au résultat produit ou à la rémunération qu'on en tire.

travail ou profession ?

Dans les sociétés contemporaines, ce que l'on entend par travail, c'est le plus souvent l'emploi salarié, et c'est un fait que l'emploi salarié est souvent marqué par la répétition et la routine. C'est notamment pour échapper aux activités ennuyeuses sinon pénibles, faiblement pourvoyeuses en satisfaction voire dénuées de sens que des individus peuvent en venir à chercher des échappatoires dans les arts martiaux afin de développer des activités dotées de valeur intrinsèque et procurant une satisfaction durable. Ce fait peut conduire à penser que les arts martiaux devraient plutôt être considérés comme une manière de fuir le travail plutôt que comme un travail. Mais il n'y a aucune raison de réduire le travail au travail salarié, pas plus d'ailleurs que d'exclure que le travail salarié puisse être intéressant, riche de sens et source de satisfactions liées à la nature de l'activité effectuée plutôt qu'au seul salaire. Les salariés distinguent souvent, au sein de ce qu'ils ont à faire dans le contexte professionnel, le « vrai travail » et le « sale boulot », le travail intéressant et les tâches inintéressantes. Certaines activités professionnelles, ou certaines des dimensions de leur activité professionnelle, sont dotées aux yeux des salariés de signification et de valeur intrinsèques (qu'elles s'expliquent par les compétences exigées par l'activité, par la valeur esthétique d'un produit, par de la valeur sociale d'un service, ou par l'éthique professionnelle qui soude un collectif de travail). Elles peuvent également être une source de satisfactions liées à l'estime sociale et à la reconnaissance qui se constituent dans les relations avec les collègues et les clients. En fait, il n'est pas facile de renoncer complètement à ce genre de satisfaction interne au travail et de se rapporter à un emploi comme un pur et simple gagne-pain. Il arrive d'ailleurs que des salariés confrontés à des activités professionnelles hautement rémunérées et à haut prestige social mais ne faisant pas sens pour eux, les abandonnent pour des activités professionnelles moins rémunératrices et socialement moins prestigieuses, mais associées à des activités et des collaborations plus satisfaisantes[1].

---

1. C'est la situation analysée par Matthew B. Crawford, *Éloge du carburateur. Essai sur le sens et la valeur du travail*, Paris, La Découverte, 2016.

Ces remarques ne nous éloignent qu'en apparence de la question des arts martiaux car il ne fait pas de doute que la motivation de ceux des pratiquants d'arts martiaux qui deviennent des instructeurs professionnels est souvent de trouver une activité professionnelle qui produise ce type de satisfactions internes. Leur motivation n'est généralement pas de chercher à gagner facilement beaucoup d'argent… car très peu y parviennent. Quant au prestige social, il est plus que relatif.

Même chez les pratiquants non professionnels, la pratique des arts martiaux, et l'acceptation d'y travailler durement après une journée de travail déjà dure, peut-être liée à leur rapport au travail en tant qu'activité professionnelle. Dans un monde où le travail est souvent précarisé, où il est souvent répétitif et mécanique, où il fait rarement appel à la créativité et à l'intelligence, où il apparaît souvent comme dénué de sens, où les valeurs de solidarité et de sincérité cèdent souvent la place à la concurrence, à la dissimulation et la tromperie, ils ne sont pas rares ceux qui éprouvent le sentiment que leur activité professionnelle tend à faire perdre à leur vie sa continuité (parce qu'il faut sans cesse se livrer de nouveau à ces activités dénuées de sens) et sa valeur. Par contraste, les arts martiaux apparaissent comme une pratique riche de sens qui est susceptible de renforcer l'estime de soi et de procurer de la reconnaissance sociale. Par ailleurs, cette pratique insère dans un réseau de relations sociales (avec les autres pratiquants d'une même école) qui peuvent être basées sur la loyauté, la solidarité et la sincérité. De plus, s'engager vraiment dans le processus d'apprentissage peut également d'accroître le sentiment de continuité de l'existence, d'une part parce que cet engagement peut donner lieu à une pratique quotidienne, et d'autre part parce qu'il peut se projeter dans un horizon temporel potentiellement défini : les arts martiaux comptent parmi les rares pratiques dont on peut se réjouir de savoir qu'on pourra s'y adonner quotidiennement toute sa vie si on le souhaite. En d'autres termes, les arts martiaux apparaissent comme l'exemple même de ces pratiques riches de sens qui contrastent avec le sentiment qu'on éprouve parfois que notre vie ne fait plus sens : des pratiques dans lesquelles une attirance subjective est confirmée par l'expérience des valeurs internes à ces pratiques, expérience dynamique marquée par la découverte de nouvelles dimensions de ces pratiques et de la possibilité de s'y engager durablement sans retomber dans la routine et dans l'ennui. Aimer ce qu'on fait constitue sans doute une dimension essentielle d'une vie faisant sens pour nous [1], et les arts martiaux peuvent ainsi contribuer à lui donner du sens.

Je ne serais pas étonné que pour bon nombre de mes élèves et de mes instructeurs, la pratique des arts martiaux soit un moyen de compenser ou de s'affranchir d'activités professionnelles routinières et sans intérêt. Bien sûr, il est impossible de généraliser sur de tels sujets, et il existe d'innombrables manières de concilier vie professionnelle et pratique d'un art martial. Certains pratiquants font des arts martiaux leur activité professionnelle. D'autres ont une autre activité professionnelle à mi-temps, soit pour assurer un revenu suffisant au moyen d'un emploi qui peut alors se réduire à un gagne-pain et qui n'a de valeur qu'instrumentale par rapport au temps de la pratique et de l'enseignement, soit parce qu'ils trouvent des satisfactions d'une autre nature dans cette activité professionnelle, soit parce qu'ils veulent maintenir un équilibre entre la pratique de leur passion (les arts martiaux) et des activités professionnelles indépendantes. D'autres encore réduisent la pratique des arts martiaux à leur temps de loisir, soit parce qu'ils n'ont pas d'autre choix pour subvenir à leurs besoins, soit parce qu'ils tiennent vraiment à leur activité professionnelle.

---

1. Dans les débats de la philosophie contemporaine, cette idée a été développée par Susan Wolf, *Meaning in Life and Why it Matters*, Princeton, Princeton University Press, 2010.

Je vois mal comment on pourrait critiquer l'un ou l'autre de ces choix de vie. Mais dans le monde des arts martiaux, il n'est pas rare de voir dénoncer ceux qui font de leur passion une activité professionnelle. Les arts martiaux seraient trop dignes pour pouvoir devenir un gagne-pain. Ils devraient être enseignés gratuitement ou presque. Tous ceux qui en vivent, et j'en fais partie, seraient au fond des voleurs. À suivre cet argument, les arts martiaux seraient un art d'une telle valeur que personne ne devrait être payé pour l'enseigner! Il serait légitime de payer des professeurs de piano ou de philosophie, mais pas d'arts martiaux! Il serait légitime d'exiger une longue formation et une spécialisation dans la pratique de l'enseignement de la part de professeurs de piano ou de philosophie, mais pas de la part d'instructeurs d'arts martiaux! Tout cela relève du non-sens, à moins de considérer que les arts martiaux sont des pratiques corporelles très faciles que tout le monde peut facilement maîtriser et enseigner. C'est un fait qu'un pratiquant consacrant sa vie aux arts martiaux atteindra un meilleur niveau et une meilleure compréhension qu'un simple amateur. C'est également un fait qu'il sera susceptible de fournir un meilleur enseignement. Pourquoi n'aurait-il pas le droit d'en tirer une rémunération décente? Pourquoi l'amateur devrait-il refuser de payer un instructeur dont il sait que l'enseignement sera meilleur que celui d'un pratiquant du dimanche? Pourquoi n'aurait-on pas le droit de faire de sa passion une profession?

en quel sens les arts martiaux sont-ils des arts ?

Pour conclure cette discussion, il faut revenir sur l'opposition des arts utilitaires et des beaux-arts. L'idée de travail est spontanément associée ou bien au labeur ou bien à l'artisanat, c'est-à-dire à l'art utilitaire, et elle est tout aussi spontanément opposée à celle d'art au sens restreint, l'art au sens des beaux-arts. Par ailleurs, l'idée que les arts martiaux peuvent être cultivés pour eux-mêmes, ainsi que les qualités esthétiques qui sont propres aux arts martiaux (et dont des films à succès font leur ressort) conduit spontanément à les associer aux beaux-arts plutôt qu'au travail et aux arts utilitaires. Inutile de revenir sur le fait que cette association spontanée est fautive : d'une part, il y a une dimension utilitaire dans les arts martiaux, et d'autre part, il y a du travail y compris dans les beaux-arts. Ces préjugés conduisent néanmoins à une question difficile, que j'ai abordée à différentes reprises sans qu'il en ressorte encore une réponse claire : en quel sens les arts martiaux sont-ils des arts ?

En un sens général, le terme « art » désigne la maîtrise d'une technique, c'est-à-dire l'excellence de l'usage des moyens permettant de parvenir à des fins. Ces moyens peuvent être artificiels (instruments ou outils) ou corporels (le corps). D'une certaine manière, les deux sont liés puisque l'excellence dans l'usage d'un instrument suppose l'excellence de son maniement, avec la main (c'est pourquoi on a pu définir la main comme « un instrument d'instrument »[1]) ou une autre partie du corps. Toute maîtrise technique suppose une forme d'excellence dans l'usage de son corps : un geste juste, des tours de mains, etc., et cela aussi bien dans les arts utilitaires que les beaux-arts. Mais il est également vrai que certains arts mobilisent le corps davantage que d'autres et que certains d'entre eux portent seulement l'usage du corps à l'excellence. C'est le cas de la danse parmi les beaux-arts. Les arts martiaux, eux aussi, consistent fondamentalement à développer des techniques du corps, non pas seulement des formes d'excellence dans l'usage de toutes les parties du corps et de tous les mouvements qui sont utiles pour l'attaque et la défense, mais aussi dans la coordination corporelle et la recherche

---

1. On trouve la formule dans le *Traité de l'âme* d'Aristote.

du mouvement le plus juste. Mais ils cherchent également à développer des formes d'excellence dans l'usage d'instruments (les armes). Ils sont donc des arts dans lesquels sont cultivées des techniques sans instrument (les techniques du corps) et des techniques avec instruments (des armes). Comment les ranger sous la distinction des arts utilitaires et des beaux-arts?

Le sens le plus courant qui peut être donné à l'opposition des arts utilitaires et des beaux-arts est le suivant : alors que dans les arts utilitaires, la maîtrise technique permet de produire des objets dont la valeur tient à leur utilité, dans les beaux-arts, elle permet de produire des objets dont la valeur est intrinsèque, la beauté étant l'exemple même de la valeur intrinsèque bien que les beaux-arts aient cessé depuis longtemps de viser exclusivement la beauté. L'opposition de ces deux types d'arts semble absolue mais elle peut être contestée de différentes manières[1]. Cependant, j'ai déjà remarqué qu'elle tend à se dissoudre dès qu'est pris en compte le fait que des activités utilitaires, comme par exemple celles d'un artisan, peuvent être pourvoyeuse de satisfactions intrinsèques. Si un artisan parvient à réaliser un produit exigeant des prouesses techniques ou s'il résout des problèmes inextricables de façon ingénieuse, il éprouvera une forme de satisfaction esthétique, et ses collègues, conscients de la valeur du travail réalisé, pourront lui attribuer également des qualités de types esthétiques, en le félicitant pour son « beau travail ». Il ne fait pas de doute que lorsque dans des exercices difficiles comme les mains collantes du Wing Chun, deux partenaires d'entraînement disposant d'un même répertoire technique parviennent à enchaîner les attaques et les réponses adaptées dans un flux constamment changeant, ils éprouveront une satisfaction esthétique propre à celle de l'artisan qui se réjouit de l'excellence

---

1. Et elle l'a été critiquée de différentes manières par exemple par un philosophe comme Dewey dans son livre intitulé *L'art comme expérience*.

de sa propre pratique. Les autres pratiquants partageront cette expérience, y compris s'ils ne possèdent pas le même répertoire technique, comme le prouve le fait que des exercices avancés, comme les mains collantes libres entre pratiquants confirmés, produisent généralement une interruption de leur entraînement de la part des autres pratiquants. On retrouve ici un point déjà évoqué dans le premier chapitre : le spectacle des arts martiaux a quelque chose de fascinant. Il faut cependant distinguer l'attrait exercé sur un public ignorant tout des difficultés spécifiques de la mise en œuvre de telle ou telle technique, et la satisfaction procurée au public des initiés qui mesure autrement la nature et la valeur de la performance. De même qu'il faut une éducation musicale pour apprécier certaines des qualités esthétiques de la musique des grands compositeurs du XXe siècle, de même, les satisfactions esthétiques procurées par un tel spectacle martial ne seront pas les mêmes selon les compétences martiales.

Une autre raison de douter de la pertinence de l'opposition entre arts utilitaires et beaux-arts, du moins au sens qu'on lui confère généralement, tient au fait que de nombreux artistes considèrent que leurs œuvres sont utiles à leur propre existence et à celle des autres, voire qu'elles doivent l'être pour prétendre avoir une valeur véritable. Certains artistes contemporains considèrent en effet que leur art doit chercher à contribuer à rendre la vie meilleure d'un point de vue éthique, social ou politique. Ils reprennent à leur compte l'affirmation de Nietzsche suivant laquelle « l'art doit avant tout embellir la vie »[1] tout en lui donnant des significations nouvelles. Cette thèse s'inscrit en fait dans une tradition ancienne. L'architecture appartient ainsi à la liste des beaux-arts et il est évident qu'elle a traditionnellement pour objectif de concilier utilité et beauté. Aujourd'hui encore, elle peut avoir pour fonction de réinventer des manières

---

1. Pour citer une thèse célèbre d'*Humain trop humain*.

d'habiter qui permettraient une vie meilleure. N'y a-t-il pas quelque chose de comparable dans les arts martiaux ? Ils visent à inventer des techniques utiles et à en enseigner la maîtrise, ainsi qu'à promouvoir des formes de vie plus satisfaisantes, non pas seulement sur le plan de la santé et de la lutte contre la crainte liée à la possibilité de l'agression, mais aussi en tant que pratique riche de sens.

Une autre manière d'entendre l'opposition des arts utilitaires et des beaux-arts consiste à affirmer que les premiers sont pris dans le mouvement de la vie ordinaire alors que les seconds permettent de développer ce qu'il y a de plus excellent chez l'homme : sa capacité à s'intéresser non pas seulement à ce qui satisfait ses besoins et lui procure un plaisir immédiat, mais aussi des plaisirs de type contemplatifs procurés notamment par la musique ou la poésie. À première vue, cette conception des beaux-arts semble exclure les arts martiaux dans la mesure où ces derniers ont pour objet immédiat de satisfaire des besoins de protection. Et pourtant, une fois atteint un certain niveau dans le processus d'apprentissage, ce processus d'apprentissage devient lui-même sa propre fin, et cette fin est la recherche d'une forme de perfection interne à la pratique. Pratiquer les arts martiaux de façon conséquente signifie ainsi être engagé dans un parcours de transformation et de découverte de soi, dans un parcours mobilisant la sensibilité, les affects et l'intelligence, dans une sorte de recherche de perfection. S'engager dans un processus revient, d'une certaine manière, à « faire de sa vie une œuvre d'art ». Cependant, cette dernière formule doit ici être employée avec circonspection. En effet, elle évoque un type de recherche de la perfection et d'expériences esthétiques[1] qui est étranger à la logique du processus d'apprentissage des arts martiaux.

---

1. Cette formule peut également être entendue en un sens moins littéral, au sens d'une éthique de l'usage de soi qui correspond mieux à l'éthique des arts martiaux dont

Je ne conteste pas que la pratique des arts martiaux et que l'observation de cette pratique donnent lieu à des expériences de type esthétique. Je ne conteste pas davantage que ces expériences peurvent être liées à la recherche de perfection qui dirige le processus d'apprentissage. Sur le volet interne, cette recherche a en effet pour fonction d'atteindre des formes de cohérence interne et d'intensité qui sont pourvoyeuse de satisfaction de type esthétique pour ceux qui en font l'expérience. Sur le volet externe, l'objectif est l'unification complète des forces, des intentions et des mouvements dans le processus d'adaptation harmonieuse aux mouvements de l'adversaire. Or, l'unification des énergies et l'harmonie des mouvements est l'un des critères de la beauté, du moins lorsqu'on parle de beauté à propos de la nature et des mouvements animaux ou humains. Cette unification est également l'un des facteurs de la puissance et de la vitesse qui caractérise un autre type de sentiment esthétique, lié à la fascination pour ce qui nous surprend ou nous dépasse. On peut donc dire que par plusieurs aspects, ce qui en fait des arts au sens le plus noble du terme donne également aux arts martiaux leurs caractères esthétiques, aussi bien pour ceux qui en font l'expérience pratique, que pour ceux qui en sont des spectateurs. Mais il serait évidemment absurde de croire que les arts martiaux ont pour objectif de produire de tels effets esthétiques.

Il serait tout aussi faux d'affirmer que la quête de perfection qui anime le processus d'apprentissage est motivée par la volonté de transformer sa vie en œuvre d'art. Pratiquer des arts qui ont

je parlerai dans la conclusion. C'est en ce sens que Michel Foucault en fait l'orientation principale de son éthique lorsqu'il affirme que « la principale œuvre d'art dont il faut se soucier, la zone majeure où l'on doit appliquer des valeurs esthétiques, c'est soi-même, sa propre vie, son existence », après avoir indiqué : « Ce qui m'étonne, c'est le fait que dans notre société l'art est devenu quelque chose qui n'est en rapport qu'avec les objets et non pas avec les individus ou avec la vie » (*Dits et écrits*, Paris, Gallimard, 2001, vol. 2, p. 402, 392).

une dimension esthétique peut certes constituer la source de motivation principale pour tel ou tel pratiquant d'art martial, alors que pour tel ou tel autre, elle sera de soumettre son existence à la discipline d'un apprentissage qui impliquera une transformation de son corps, de ses émotions et de ses pensées, en d'autres termes, de faire de soi l'objet d'un travail ou une œuvre. Mais de telles motivations s'attachent à des caractéristiques secondaires du processus d'apprentissage des arts martiaux. Ce dernier n'a pas pour fonction de produire des expériences esthétiques mais des formes d'expériences qui ont une dimension esthétique. De même, ils n'ont pas pour fonction de transformer des vies en œuvre d'art, même si la vie des pratiquants est transformée par l'art qu'ils pratiquent, et qu'en ce sens, elle devient l'œuvre de cet art. Pratiquer un art martial pour lui-même, voilà ce qui nécessaire si l'on veut vraiment le pratiquer comme un art, mais il faut également qu'il reste pratiqué pour ses effets pratiques. Ici encore, tout est affaire d'équilibre : équilibre entre la recherche de la perfection technique, la pleine compréhension du processus d'apprentissage et la recherche d'efficacité martiale. Mon amour pour mon art et ma conscience de sa beauté ne me font pas oublier qu'il reste un moyen efficace de se sortir de situations laides, et ce serait s'illusionner que de croire qu'il fournit de belles façons de se sortir de ses situations laides. Dans la réalité sombre des situations violentes, contrairement à ce que les légendes et les films d'arts martiaux enseignent, il n'y a plus de place pour la beauté.

J'ai analysé plus haut les raisons qui expliquent la réticence à concevoir la pratique des arts martiaux comme du travail. Curieusement, il y a autant de réticence à les penser comme des arts au sens le plus noble du terme. Dans les deux cas, des préjugés sociaux sont à l'œuvre, mais ils produisent des effets opposés. Depuis la Grèce ancienne, le travail et les arts utilitaires sont considérés comme indignes d'une vie vraiment humaine, une telle vie devant cultiver exclusivement les plus activités humaines les plus hautes : politique, religion, philosophie, beaux-arts. Dans l'antiquité, les arts utilitaires étaient réservés aux classes inférieures de la société, alors que les classes supérieures s'enorgueillissaient d'apprendre des arts ayant des fins non utilitaires. On peut dire, de ce fait, que les arts martiaux subissent les effets d'un double préjugé social dépréciatif. D'une part, les pratiques de combat à main nue apparaissent comme des pratiques vulgaires, réservées aux classes inférieures de la société. Puisque ce sont les classes supérieures qui dans chaque société définissent ce qu'est la vraie culture et le vrai art, et qu'elles sont peu confrontées à la possibilité de combats à main nue, il n'est pas surprenant qu'elles soient peu disposées à les reconnaître comme des arts au sens plein. J'ai déjà mentionné que dans la Chine ancienne, le combat à main nue était dévalorisé par rapport au combat avec arme, cela illustre un mécanisme social qui produit ses effets quelles que soient les époques et les sociétés : dans les manières de combattre aussi, les classes dominantes cherchent à manifester leur supériorité sur les classes inférieures. Par exemple, l'invention de la boxe française à la fin du XIXe siècle était motivée par la recherche d'une manière de se battre qui permettrait aux membres de la bourgeoise de se démarquer des rixes grossières du bas peuple. La dévalorisation des arts martiaux provient d'autre part du fait qu'ils ont une dimension trop directement utilitaire, et qu'ils donnent une importance trop importante au corps, alors que les arts au sens le plus noble du terme sont considérés depuis la Grèce ancienne comme ayant pour fonction de cultiver les facultés humaines les plus hautes, liées à un intellect opposé au corps. À la lumière de la culture démocratique de notre temps, tout cela repose sur des distinctions sociales et des préjugés arbitraires : il n'y a aucune raison de penser que cultiver des arts utiles n'est pas digne d'une vie humaine, il n'y a pas plus de raison de penser que la culture du corps ne participe pas du processus consistant à cultiver ce qui peut acheminer l'existence humaine vers les perfections qu'elle peut atteindre. Il n'y a pas non plus de raison que l'usage de la main soit moins digne que l'usage d'une arme.

Paradoxalement, l'exemple de la Grèce et de la Chine ancienne permet d'ailleurs de confirmer qu'il y a là une grande part d'arbitraire puisque dans les deux cas, certains arts martiaux comptaient bien parmi les arts les plus nobles : le maniement des armes en Chine, la lutte en Grèce[1]. Dans ces deux contextes culturels, on a vu en fait s'affronter deux conceptions de ce en quoi consistait la plus haute culture : tenait-elle avant tout au fait de cultiver des vertus morales et intellectuelles, les seules qui sont propres aux humains et qui semblent faire leur supériorité sur le reste du règne animal ? Ou bien tenait-elle au fait de porter à leur perfection l'ensemble de capacités humaines, qu'elles soient corporelles, morales ou intellectuelles ? Dans l'ensemble des arts inventés par les humains, les arts martiaux sont sans doute ceux qui ont pris le plus au sérieux le second terme de cette alternative. Nous partageons avec les animaux la capacité de nous défendre sans armes et nous nous en distinguons par notre capacité à inventer des armes, mais cela n'est pas une raison suffisante pour cultiver exclusivement la capacité à nous battre avec des armes, au risque de nous condamner à ne plus pouvoir nous battre sans arme que moins dignement encore que ne le font les animaux lorsqu'ils s'affrontent au sein d'une même espèce. Pourquoi ne pas cultiver également notre capacité à nous battre sans armes comme des êtres humains, comme des êtres

---

1. Dans l'article déjà cité, « Sport et violence », Norbert Elias analyse le prestige de la lutte en Grèce en soulignant que les lutteurs provenaient des couches supérieures de la population.

capables de tirer du règne animal les techniques les plus efficaces et harmonieuses (styles zoomorphes) tout en les organisant par des principes rationnels (en un faisant des arts)? L'idéal d'une éducation conçue comme formation complète de l'être humain, qui est souvent considéré comme l'une des spécificités de la Grèce ancienne, était fortement présente également dans la Chine ancienne, et il explique pour partie le développement des arts martiaux chinois[1]. D'où le fait que les arts martiaux, y compris à main nue, aient fini par être considérés comme faisant partie de la culture la plus haute. D'où également le fait que les arts martiaux chinois aient développé une réflexion si approfondie sur la nature du processus d'apprentissage le plus approprié. D'où enfin le fait qu'ils les aient intégrés dans leurs réflexions sur les moyens de rendre la vie meilleure.

Je n'hésite pas à dire que je suis fier de mon art. Pour moi, le Wing Chun a été un parcours dans lequel je me suis pleinement engagé tout d'abord afin de rendre ma vie meilleure, et, ultérieurement, afin de contribuer à rendre meilleure la vie de mes élèves. Je continue à considérer qu'il fournit un moyen adéquat pour poursuivre ces objectifs. Je suis fier de continuer à faire de mon mieux pour offrir à mes élèves le meilleur enseignement possible. Mais sur ce point également, je suis conscient qu'il est de ma responsabilité de dispenser un enseignement équilibré. Comme je l'ai dit au début de ce livre, les arts martiaux ne peuvent jamais résoudre tous les problèmes que l'on peut rencontrer sur le chemin de la vie. Ils ne peuvent rester des moyens de rendre la vie meilleure qu'à condition d'ouvrir l'esprit des pratiquants au lieu de le refermer, et de

---

1. Ce point a été relevé notamment par Donald N. Levine, « The liberal arts and the martial arts », dans le volume dirigé par Randy F. Nelson, *Martial Reader. Classic writtings on philosophy and techniques*, New York, The Overlook Press, 1989, p. 301-319.

contribuer à établir des liens harmonieux entre le temps qu'ils consacrent à la pratique et le reste de leur vie.

Les arts martiaux peuvent être un moyen de rendre la vie meilleure, et inversement, ils peuvent endommager l'existence d'un individu, lui faire perdre son temps. De nombreux ex-pratiquants ont l'impression qu'en définitive, ces arts n'ont été pour eux qu'une immense perte de temps. L'un des buts de ce livre était précisément de promouvoir une conception plus réflexive et équilibrée des arts martiaux, de fournir aux pratiquants des outils intellectuels pour éviter les nombreuses impasses propres au monde des arts martiaux, pour éviter que leur parcours dans ce monde ne se réduise à une telle perte de temps. J'espère que les lecteurs extérieurs à ce monde, quant à eux, auront gagné une idée plus précise de la spécificité des pratiques corporelles, éducatives et intellectuelles qui peuvent être associées à l'idée d'art martial asiatique, une conscience plus claire de la distance qui sépare la représentation médiatique des arts martiaux de la réalité de ces pratiques. J'espère également qu'ils auront acquis la conviction que les spécificités des principes de combat et du processus d'apprentissage des arts martiaux méritent une attention toute particulière, ne serait-ce que parce qu'elle est susceptible de remettre en cause quelques préjugés concernant ce que peut un corps, ce qu'est une intention ou une action, ou encore un art.

conclusion
une éthique des arts martiaux ?

Pour conclure, je voudrais dire quelques mots à propos d'une question controversée qui n'a pas encore été abordée directement dans ce livre : celle de la dimension éthique ou morale des arts martiaux. J'ai déjà dit qu'une pratique durable des arts martiaux devrait être une manière d'enclencher un processus de croissance de l'expérience et d'atteindre une sorte d'accomplissement personnel dont on peut espérer qu'elle rejaillira sur l'ensemble de l'existence. En s'inspirant de principes taoïstes, bouddhistes et confucéens, les arts martiaux chinois et japonais se réfèrent souvent, pour décrire cet accomplissement personnel, à une série de devoirs et de vertus qui participe de l'idéal de sagesse dont ils prétendent s'inspirer. Parmi les vertus concernées, on peut mentionner la tempérance (la capacité à conserver un contrôle de soi dans les pires situations d'injustice et de violence), le courage (quand le combat ne peut plus être évité), la prudence (consistant à éviter les risques autant que possible), la loyauté (à l'intérieur de l'école), la modestie (la conscience juste de ses limites et faiblesses), la patience (au cours du long processus d'apprentissage) et la compassion (notamment à l'égard de la souffrance de ceux qui n'ont ni la capacité ni le courage de se défendre eux-mêmes). Ces vertus sont traditionnellement associées à un ensemble d'exigences morales centrées sur un principe plus général de justice entendue comme sens de la proportion ou de la mesure. L'artiste martial doit se conformer à ce principe même dans les situations d'injustice extrême ou de violence qui conduisent au combat. Il doit user de la force seulement lorsque cela est nécessaire et toujours de manière proportionnée. Ces vertus et ce principe sont unifiés dans l'idéal du sage capable de réagir à toutes les situations de manière appropriée, sans perdre ni ses nerfs ni le sens de la mesure.

Cette image traditionnelle doit être prise au sérieux même si elle est contestable sur plusieurs points. Elle doit être prise au sérieux parce qu'elle exprime la conscience du fait que les arts martiaux peuvent perdre toute leur valeur lorsqu'ils sont pratiqués sous des formes contredisant ce cadre éthico-moral. Les légendes de la tradition, ainsi que les films d'arts martiaux, sont hantés par la possibilité que ces nobles arts tombent entre les mains de personnes maléfiques, possibilité qu'ils représentent généralement sous la figure du dévoiement et de la traîtrise. Le danger est évident. On peut alors se demander quel rapport ces vertus et ces devoirs entretiennent avec la manière dont les arts martiaux sont généralement enseignés et pratiqués. La réponse est vite trouvée : il n'y a aucune raison que l'apprentissage de techniques de combat aide à incorporer des vertus et à se rendre capable de satisfaire des exigences de justice. J'ai déjà souligné le fait que les arts martiaux, par eux-mêmes, ne peuvent pas résoudre les problèmes psychologiques dès qu'ils sont profondément ancrés dans la personnalité. On peut en dire autant de la relation qu'un individu entretient avec des vertus et des devoirs. En outre, il faut bien constater que le monde des arts martiaux est peuplé de « maîtres » et autres « grands maîtres » qui se singularisent par leur manque de tempérance, de loyauté et de modestie, par le fait que leur courage est limité aux situations où ils peuvent profiter de leur ascendant sur leurs élèves, et dont le comportement est souvent marqué par la volonté de soutirer autant que possible d'argent à leurs élèves. On voit mal quel type de rapport leur enseignement pourrait entretenir avec les vertus et les devoirs traditionnellement revendiqués par les arts martiaux. De fait, les arts martiaux sont souvent une école de l'arrogance, de la vantardise et de l'injustice.

Certes, cela ne constitue pas un argument contre l'idée traditionnelle que les arts martiaux devraient être liés à ces vertus à ces devoirs. Il s'agit bien plutôt d'un argument contre ces instructeurs et l'enseignement qu'ils dispensent. Mais cet argument ruine également une idée prégnante dans les légendes des arts martiaux, et souvent jugée constitutive de la philosophie des arts martiaux traditionnels : l'idée que l'excellence technique va de pair avec l'excellence morale. Il s'agit d'une complète illusion. Il va de soi qu'il faut distinguer le niveau technique d'un pratiquant de sa capacité à atteindre une pareille excellence en tant qu'enseignant devant assumer les devoirs liés à sa position d'autorité. C'est la raison pour laquelle, dans mon organisation, le niveau technique des pratiquants (classés en niveau d'élèves et de techniciens) et le titre de « Maître » (*Sifu*) sont distingués. Dans le Kung Fu, les maîtres sont appelés « Sifu », un terme qui évoque la relation du père à ses enfants et qui comporte une référence à la vertu. Les instructeurs doivent être conscients du fait que la relation pédagogique particulière qui est propre au processus d'apprentissage et aux motivations des élèves leur donne des responsabilités et des devoirs particuliers. Que ce soit en raison des fragilités psychologiques de certains élèves ou de leur quête d'idéal ou de perfection, un instructeur pourra aisément les manipuler. Le monde des arts martiaux est trop souvent l'occasion de telles manipulations. Cela définit par contraste les vertus d'un « Sifu » : loyauté, honnêteté, équité, générosité et compassion. Un maître doit être loyal à l'égard de ses élèves parce qu'ils dépendent de lui et attendent tout de lui. Il doit être honnête lorsqu'il leur indique le travail qui leur reste à faire tout en reconnaissant les progrès effectués. Il doit se comporter équitablement à l'égard des uns et des autres, tout en tenant compte de difficultés spécifiques, qu'elles soient d'ordre physique, psychologique ou social. Il doit également ne pas être insensible à la réalité de leurs efforts, et assez généreux pour leur donner l'affection amicale qui peut les aider à poursuivre ces efforts. Puisque le terme « Sifu » ne désigne pas un grade mais un titre reconnaissant non pas des compétences martiales mais un certain nombre de vertus, il est normal qu'un grade très élevé ne suffise pas à obtenir ce titre. Cependant, puisque le titre de « Sifu » se réfère à un ensemble de vertus qui concernent l'enseignement de l'art martial, il présuppose une connaissance assez complète de la pratique et du processus d'apprentissage. Dans mon organisation, la condition pour obtenir ce titre est d'avoir conduit au moins un élève au grade de 1er technicien (l'équivalent d'une ceinture noire dans les arts martiaux japonais), ce qui présuppose d'avoir atteint un grade plus élevé.

Les arts martiaux ne produisent pas par eux-mêmes des vertus ou des intentions justes et c'est précisément pour cette raison qu'il faut en encadrer la pratique en formulant des exigences éthico-morales. Il en résulte qu'il n'est pas suffisant de mentionner ces exigences en les présentant comme l'une des dimensions de la philosophie des arts martiaux. Trop souvent lorsque les instructeurs se réfèrent à ces exigences dans leur enseignement, ils se contentent de les présenter comme des éléments philosophiques dévoilant toute la profondeur de leur art. Mais la fonction d'une exigence éthique ou morale est de donner des orientations pour l'action, ou en d'autres termes, de produire des effets pratiques. Personnellement, je m'efforce de prendre ces exigences au sérieux de manière très concrète. Ainsi, je ne me contente pas d'insister sur l'importance de la loyauté. Je n'hésite pas à exclure mes instructeurs dès qu'ils font preuve de déloyauté, même s'ils ont atteint le titre de « Sifu » et que j'ai passé beaucoup de temps à les élever à un haut niveau technique.

Mais c'est encore ailleurs que se trouve selon moi la limite principale de l'image traditionnelle du contenu éthique et moral des arts martiaux : elle tient au fait que ces vertus et ces devoirs sont formulés en des termes qui restent trop généraux et détachés des situations pratiques dans lesquelles on peut faire usage d'un art martial. Les vertus et les devoirs que j'ai mentionnés sont en effet censés pouvoir guider l'action dans tous les domaines de l'existence. De ce fait, il est légitime de considérer qu'ils devraient s'appliquer tout autant dans le monde des arts martiaux que dans les situations où l'on peut faire usage de ces derniers. Cependant, comme je l'ai dit à différentes reprises dans ce livre, le terme « arts martiaux » renvoie à des pratiques sociales qui sont tellement spécifiques que les exigences éthiques et morales ne peuvent y être appliquées sans adaptation ni restriction. Deux exemples suffiront à le montrer.

J'ai déjà expliqué pourquoi il y a quelque chose de faux dans l'image traditionnelle qui dépeint le maître d'arts martiaux en sage conservant dans le combat tout son sang-froid et sa lucidité tellement la tempérance est une vertu profondément ancrée dans son caractère. Mais aucune vertu ne peut annuler le choc d'adrénaline et l'ensemble des effets physiologiques et psychologiques qui accompagnent la peur de la mort. L'enjeu n'est pas de lutter contre ces effets, en faisant comme si nous pouvions nous libérer par la volonté de mécanismes profondément ancrés dans l'histoire de notre espèce et issus de la sélection naturelle, mais de les transformer d'obstacles en moyens efficaces d'action. La conséquence n'est certainement pas qu'on devrait éviter, dans les arts martiaux, de faire de la tempérance une exigence, mais qu'on devrait modifier le sens que reçoit usuellement cette vertu en fonction des situations spécifiques où elle peut guider l'action. Non seulement, il serait contreproductif de lutter contre les effets du choc d'adrénaline plutôt que de chercher à les apprivoiser, mais il serait tout aussi dangereux de lutter contre un agresseur enragé en luttant contre la rage que nous pourrions éprouver. J'ai déjà parlé de tout cela également.

Le devoir de faire usage de la violence de manière proportionnée fournit une deuxième illustration de la nécessité de donner des significations spécifiques aux exigences générales. Dans une situation d'auto-défense, dès qu'on décide de prévenir une violence imminente ou de répliquer, il faut agir avec des moyens efficaces, c'est-à-dire définitifs. Les situations violentes sont dynamiques au sens où la réponse violente à la violence enclenche une spirale d'escalade de violence : de la violence verbale à la violence physique jusqu'à l'usage des coups les plus violents si l'adversaire réplique lui aussi par des coups. En outre, pour un pratiquant d'art martial, se défendre signifie dévoiler des compétences et expose à une aggravation de la violence, notamment par l'usage d'armes. L'enjeu est de prévenir ce genre d'escalade. Cela signifie en définitive que l'usage d'une violence proportionnée, au sens d'une violence strictement égale à celle de l'attaque, est exclu. Il faut empêcher le plus vite possible l'adversaire de s'engager dans cette escalade en annihilant ses capacités de réaction, et cela suppose de le submerger sous notre violence tout en continuant à en contrôler l'intensité et l'usage. L'exigence minimale de prudence implique donc une forme de disproportion : il faut absolument éviter l'escalade d'une violence qui sera toujours moins contrôlable en submergeant la violence d'un agresseur sous notre propre violence. Ce qui ne signifie pas que l'idée de réaction proportionnée perde tout sens : submerger de coups ne signifie pas perdre tout sens de la mesure.

L'idée d'une exigence de disproportion pourra choquer ceux qui aimeraient que les agresseurs seulement soient violents et que les pratiquants se contentent de retourner contre eux leur propre violence, sans en n'exercer aucune. Dans le monde idéal de l'entraînement, on peut effectivement envisager ce genre de défence, mais pas dans le monde réel des agressions et des situations d'extrême violence. Si cette idée peut choquer, c'est qu'elle semble faire primer l'exigence de prudence sur celle de justice. On pourrait dire que la vertu de prudence contredit ici l'exigence de justice alors que c'est toujours l'exigence de justice qui devrait primer. Je n'ai pas l'intention de m'engager dans des discussions casuistiques. Je me contenterai donc de remarquer que parler ici de contradiction de la justice et de la prudence suppose de donner aux exigences exprimées par ces termes un sens général et non spécifié par la logique pratique des situations. Le fait qu'une violence proportionnée au sens strict du terme soit trop risquée ne signifie pas qu'il faut abandonner toute référence à la justice et finir au plus vite le combat par tous les moyens disponibles, y compris les plus cruels. Ce fait implique plutôt que les idées de proportion et de justice doivent prendre de nouvelles significations. Non seulement il est juste de chercher à se défendre par des moyens qui ne nous mettront pas davantage en danger, mais il est possible de puiser, au sein du répertoire des techniques disponibles, celles qui seront proportionnées non pas à l'attaque mais à ce qu'on estime être les capacités de réaction de l'adversaire.

On peut conclure de tout cela, me semble-t-il, que les arts martiaux ont besoin d'une approche des questions éthiques et morales qui soit plus spécifique que ce qu'on trouve dans la philosophie des arts martiaux traditionnels. Une telle approche supposerait de tenir compte non seulement de la spécificité des situations de combat réel (comme dans le dernier exemple) mais aussi de celles du long processus d'apprentissage des arts martiaux, des effets de dépendance et des illusions qu'il peut générer. Par ailleurs, une telle approche ne devrait pas se contenter de concevoir l'éthique et la morale comme un cadre devant empêcher les dévoiements et des débordements. Elle devrait également prendre au sérieux les enjeux éthiques et moraux spécifiques de la pratique des arts martiaux. Sur ce plan également, il faut distinguer les enjeux propres aux situations d'autodéfense et ceux qui concernent le processus d'apprentissage.

Dans les situations où notre vie est en danger ou notre dignité est remise en cause de la manière profonde (pensons au viol ou à l'humiliation raciste), notre droit à la survie et à la dignité apparaît comme un droit inconditionnel, comme une sorte de droit naturel qui prime sur les exigences associées aux vertus et aux devoirs qui servent à nous orienter dans le cours ordinaire de notre existence en résolvant les problèmes que nous y rencontrons. Heureusement, ces situations relèvent de l'exception, au moins pour ceux d'entre nous auxquels les conditions de subsistance (nourriture, abris, etc.) et de survie (paix, protections juridiques, etc.) sont assurées. Or, il va sans dire que pour les autres, il sera pour le moins difficile de trouver assez de temps et de motivation pour se consacrer au long processus d'apprentissage d'un art martial. Il en résulte que c'est rarement, et c'est heureux, que des pratiquants d'arts martiaux se trouvent en situation de défendre leur vie ou leur dignité par des coups. Mais les situations de violence auxquels les arts martiaux préparent peuvent également être celles où la vie, l'intégrité physique ou morale de ceux qu'on aime est mise en danger, ou encore celles où dans lesquelles des personnes vulnérables sont victimes d'agressions violentes. Dans un monde d'injustices et de violences comme le nôtre, il y a plus de chance d'être confronté à la possibilité d'une remise en cause de l'intégrité physique ou morale d'autrui qu'à la nôtre. Il y a donc également plus de chance que nous soyons confrontés à la question de savoir comment réagir à ce type de situations, et que nous ayons la possibilité de réagir efficacement si nous décidons d'intervenir. Ce type de situations nous expose également à la possibilité de souffrir rétrospectivement d'un type de culpabilité particulier, dans l'hypothèse où nous nous déciderions à ne pas intervenir : la culpabilité d'avoir participé indirectement, passivement, aux violences et aux injustices auxquelles nous avons assisté impuissants, sous l'effet de la peur ou d'un sentiment d'incapacité. On pourrait se dire qu'il n'y a pas lieu de se sentir coupable. Pour être coupable, il faut être responsable, et pour être responsable, il faut disposer d'une capacité d'action. Or, à première vue, on n'est pas responsable de sa propre impuissance : on ne choisit pas de se sentir impuissant, et on ne dispose pas nécessairement des capacités permettant de surmonter ce sentiment. À première vue, on est encore moins responsable de ne pas être capable d'agir efficacement dans des situations d'extrême violence. Et pourtant, il n'est pas rare que ce type de situations donne lieu rétrospectivement à d'intenses sentiments de culpabilité. Il y a une part de vérité dans ce sentiment car notre impuissance dépend de nous, au moins partiellement. Cette expérience de l'impuissance est l'expérience d'être démuni des compétences requises par la situation, or il dépend de nous de chercher à développer telle ou telle compétence, telle ou telle habitude adaptée à telle ou telle situation. Il est bien de notre responsabilité de développer des compétences qui pourraient être utiles dans des situations où nous voudrions protéger autrui de la violence. Ce qui est vrai de l'impuissance objective, c'est-à-dire de l'incapacité à intervenir efficacement, l'est également de l'impuissance subjective : la paralysie par la peur. Il dépend de nous de chercher à transformer la peur d'obstacle en moyen d'action.

C'est également en référence à ce type de responsabilité qu'il faut concevoir le lien des arts martiaux et de la vertu. Une vertu comme le courage désigne une capacité d'action produite par une pratique durable et incorporée sous forme d'habitude. Les arts martiaux proposent des méthodes destinées à incorporer des compétences qui peuvent être utiles dans des situations violentes, mais ils peuvent également être conçus comme des manières de développer des vertus de courage et de prudence sous une forme adaptée à ce genre de situation.

Certes, dans ce genre de situation, la responsabilité est limitée car un individu ne peut rien faire seul contre les injustices et les violences structurelles qui sous-tendent bien souvent les situations où l'intégrité physique et morale est mise en question. Une manière de prendre ses responsabilités est sans doute de chercher à participer à des efforts collectifs dirigés contre les injustices et les violences structurelles. Mais cela ne signifie pas que l'action collective soit la seule réponse légitime à la violence en situation. Au contraire, lorsque nous assistons à de telles situations, c'est seulement notre responsabilité individuelle qui est en jeu, et c'est bien individuellement que nous devons trouver une solution à la contradiction entre un impératif de prudence et l'exigence de venir en aide à ceux qui ne peuvent pas se défendre eux-mêmes. Cela ne règle sans doute pas complètement les tensions entre les exigences de prudence et de justice. Face aux situations violentes, savoir quelles sont les conduites à adopter n'est pas toujours facile. On peut rêver d'un monde dans lequel nous n'aurions pas à choisir entre la prise de risque et la culpabilité d'une participation passive à l'injustice et à la violence. Mais puisqu'il s'agit là d'un rêve, on peut également penser que se préparer à ses situations permet de transformer les conditions du choix entre prudence et culpabilité en le rendant moins irrationnel. S'y préparer peut ainsi contribuer à rendre notre vie plus juste.

C'est un autre ensemble d'enjeux éthiques qui fait surface lorsque l'on considère les arts martiaux comme un processus d'apprentissage. Ils apparaissent alors comme une manière de vivre, une manière de vivre par l'étude, en apprenant à devenir conscients de nos limites et à trouver des manières appropriées de les surmonter. De nouveau, la discussion concerne des vertus : vertu d'humilité et de vérité à l'égard de soi-même, notamment. Il y a quelque chose de plus spécifique encore dans l'idée d'une vie par l'étude. Il y a la conviction que la meilleure vie que nous puissions espérer est une vie orientée vers un but riche de sens et prise dans des efforts collectifs pour atteindre ce but. Cette portée éthique de l'étude a été soulignée par le Confucianisme qui a certainement été pour beaucoup dans l'importance que les arts martiaux ont conférée au processus d'apprentissage, à sa stratification et à sa codification. L'éthique confucéenne appartient au contexte culturel de la naissance des arts martiaux, un contexte qui appartient au passé, mais je suis persuadé que par certains aspects, elle continue à faire sens aujourd'hui. Chercher à toujours devenir meilleur dans les pratiques dans lesquelles nous sommes engagés, consacrer nos vies à un but riche de sens, cultiver des biens que nous pouvons partager avec autrui, ces idéaux n'ont pas perdu de leur valeur. Au contraire, ils ont acquis une nouvelle pertinence dans un monde où nous pouvons éprouver le sentiment d'avoir de moins en moins de contrôle sur nos vies, où la question de la continuité de nos existences est toujours plus problématique, où l'opportunité de cultiver des biens utiles pour autrui semble se faire plus rare. Dans un tel contexte, les arts martiaux ne définissent certes pas à eux seuls ce qu'est une vie satisfaisante, mais leur long processus d'apprentissage fournit une image de ce que serait une vie satisfaisante.

Cela me reconduit à la question de savoir en quel sens les arts martiaux peuvent contribuer à la croissance de l'expérience et donner du sens à l'existence. Quand les philosophes discutent de la possibilité d'une vie bonne aujourd'hui, ou d'une existence juste et riche de sens dans nos sociétés, ils portent leur attention surtout sur la vie privée, sur le travail et sur la politique. Les arts martiaux sont la preuve que d'autres sphères de réalisation de soi existent où l'on peut s'engager dans des pratiques riches de sens et offrant des possibilités de développement de soi à long terme. Les préjugés philosophiques qui empêchent de prendre ce type de pratiques au sérieux tiennent au fait qu'elles sont identifiées aux loisirs, aux jeux et à la satisfaction compensatoire. J'ai déjà critiqué ces préjugés. Les arts martiaux ne peuvent pas être réduits à des loisirs éphémères lorsqu'ils proposent un long processus d'apprentissage permettant de cultiver des biens internes à des pratiques tout en découvrant leurs différentes dimensions. Les arts martiaux ne peuvent pas non plus être réduits à des activités ludiques ou récréatives si leur processus d'apprentissage est un long travail de transformation de soi qui requiert patience, humilité et une part de souffrance. Cette part de souffrance, liée aux efforts à consentir, explique également pourquoi les arts martiaux ne peuvent pas être conçus comme des satisfactions substitutives. C'est seulement dans l'imaginaire social que les arts martiaux sont affaire de développement de dons naturels et qu'ils ne requièrent pas véritablement du travail, ou encore qu'ils sont affaire de performance esthétique plutôt que de sueur, de bleus et de courbatures. Cette part de souffrance, qui est liée à tout travail, et qui concerne également l'effort pour dépasser ses limites physiques dans des activités consistant à donner des coups et à y répondre, met en lumière la dernière des dimensions éthiques des arts martiaux. Elle renvoie à mon avis à l'héritage bouddhiste. Les arts martiaux sont, pour partie, une préparation à la souffrance du combat, et leur processus d'apprentissage est pour partie aussi une habituation à la souffrance du combat. On ne peut pas apprendre à dévier des coups de pied, de poings, de coude ou de genoux en parvenant toujours à éviter les chocs des membres. On ne peut pas chercher à dépasser ses limites physiques, et ensuite éviter de régresser physiquement, sans fatigue et sans douleur musculaire. En ce sens, l'apprentissage des arts martiaux conduit à modifier le rapport à la douleur corporelle et cette modification participe d'une transformation du caractère. Cet apprentissage induit un autre rapport à la souffrance qui ne produira pas ses conséquences seulement dans les situations de combat idéal ou réel, mais aussi dans les différentes dimensions de notre existence. C'est aussi pour cette raison que les arts martiaux sont une bonne école de vie : ils nous apprennent à faire en sorte que notre souffrance ne nous empêche pas de poursuivre nos objectifs et ne détériore pas nos relations avec autrui. Cette vision bouddhiste vient du passé, mais elle conserve un sens dans un monde où l'expérience de la souffrance n'appartient pas davantage au passé que celle de l'injustice et de la violence.

table des matières

Achevé d'imprimer en décembre 2020
La Manufacture - *Imprimeur* – 52200 Langres – Tél. : (33) 325 845 892
Imprimé en France – N° : 201280 – Dépôt légal : décembre 2017